介護格差

結城康博
Yasuhiro Yuki

岩波新書
2028

はじめに

長寿社会において「介護」は、誰にでもかかわる事柄である。確かに、ピンピンコロリ(PPK)で人生を終えることは理想であろうが、医療技術が進歩していることもあって期間の差はあれ、介護生活を余儀なくされる人は多い。しかも、高齢者自身はもちろん、その息子や娘、孫まで、介護問題は関連してくる。

介護保険制度があるから一定の介護サービスは受けられるだろうと思っている人も多くいるだろう。しかし、介護職員の人材不足が深刻化している背景から、介護サービスを利用したくとも利用しづらくなっている。いわば「勝ち組」／「負け組」といった介護格差が顕在化しているのだ。本書では、このような現状を紹介し、問題解決の糸口を探っていく。具体的な内容は以下のとおりである。

序章では、事例を通して介護生活の課題を摑《つか》んでいただきたい。第1章では、介護と経済的側面からの格差問題について触れ、文字通り金銭的に余裕があるか否かで状況が変わっていくことを説明する。第2章では、経済的側面だけではなく、頼れる人がいるか否かで介護生活が変わっていくことを述べる。いくら経済的に余裕があっても、信頼できる人がいなければ介護には困窮することを示唆していきたい。

第3章では、医療と介護の関連性について触れながら格差問題を考えていきたい。第4章では、介護人材不足に光をあてながら地域間格差について述べていく。第5章では、介護は「情報戦」であることを指摘し、あらかじめ知っているか否かで状況が異なることについて説明していきたい。第6章では、現在の高齢者(団塊世代)層だけではなく、団塊ジュニア世代層の介護を考えながら、ヤングケアラー問題なども取り上げていく。第7章では、2024年改正介護保険制度の問題点を指摘したうえで、第8章と合わせて介護保険制度の抜本的な政策転換の必要性を論じていく。

そして終章では、厳しい現状ではあるが、各自が「介活」に励み介護の意識を高めることができれば、悲観することなく安心した介護生活が送れる道筋を示していきたい。

なお、掲載する事例は、個人情報保護の観点からすべて仮名とし、その内容も特定化されないよう実際のものに脚色してあることを、ご承知願いたい。

目次

第4章　介護人材不足と地域間格差

第5章　介護は情報戦！

第7章　厳しい2024年改正介護保険

序章

介護は「人」との繋がり次第なのか

おカネも大事だけれども……

人生100年時代と言われている今、年老いて「介護」(ケア)が必要となったら「おカネ」が、「勝ち組」/「負け組」の決め手になるのか?

確かに、介護格差において経済的要素が重要なポイントであることに違いはない。民間の介護保険の多くも「金銭給付」を商品化しているものが大半で、経済的余裕があるか否かで介護生活は大きく変わる。しかし、それだけではないのが「介護」だ。まずは、筆者によるケアマネジャー(介護支援専門員、ケアマネ)のヒアリング調査(2022年5月4日)から、事例を紹介しながら説明していきたい。

「ケチ」な要介護者

要介護2に認定されている女性、田中キヨさん(87歳、仮名)は認知症の症状もなく年齢のわりには記憶力も良好で細かいことも覚えている。ただし、足腰が弱く常時、杖《つえ》歩行である。室内ではトイレや台所に移動する際、壁やタンスなどを支えに「つたい」歩行が可能ではあるが、外出するときは常に車椅子を利用している。親の遺産を相続したこともあり、かなりの資産を有している。年金は国民年金のみで毎月5万円程度ではあるが、不動産も所有しているためか、毎月50万円程度の収入がある。家族は、徒歩10分以内に息子夫婦と孫が住んでおり、夫は15年前に他界し独り暮らしである。

介護保険における「訪問看護サービス」を週1回利用しているものの、「訪問介護サービス」は使っていない。理由は明確には分からないがケアマネジャーの推測では、他人が頻繁に出入りするのを嫌がっているのではないか、と。転倒の危険性も考えて、食事づくり、掃除、洗濯など何度か訪問介護サービス(生活援助。第4章参照)を勧めたのだが、同意してくれなかったという。そのため部屋の中は、常時、ちらかっているようだ。簡単な入浴介助など訪問介護サービス(身体介護。同前)を利用すれば、安定した介護生活を送ることができるのに……と、ケアマネジャーはつぶやいていた。

他には外出用の電動車椅子を貸与している。介護保険サービスでは、このような福祉用具も利用できる。

洗濯や掃除は辛うじて自身で行うが、充分にこなせているわけではない。近くに住む息子やその妻が、週1回程度は身の回りの世話をしているため、在宅介護生活はなんとかできている。

食事は宅配弁当を利用するか、自身で電動車椅子を使って近所のコンビニへ買い出しに出かけることもある。

しかし、田中さんは、息子夫婦とはあまり折り合いが良いとはいえない。週に1度の訪問も、必要なことだけ済ませ滞在時間は短いようだ。正月やお盆には孫も含めて一緒に食事をすることもあるそうだが、近所に住んでいるわりには交流は少ない。

「いつかケアマネジャーが息子と話したことがあったようで、「母は、「ケチ」で困ります。不動産収入もあって、生活は余裕なはずなのに1円でも節約したがるので……私が「おカネ」の話をすることを毛嫌いしています。息子が財産を狙っていると思っているのでしょうか……。2人の中・高生の「孫」のお年玉も2000円ぐらいです」と……。

確かに、ケアマネジャーの定期的な訪問でも、田中さんは、「毎月の介護保険料が高い！ 税金も高い！ どうして役所は高齢者からおカネばかり取るのだろうか……。介護保険も3割負担だし不平等だわ」と、いつも愚痴を言っているという。介護保険制度の自己負担は、原則、1割負担ではあるが、一定の所得がある人は2割負担もしくは3割負担となっている。

どんなに「おカネ」に恵まれても、過剰なまでの「ケチ」になると親族にさえ敬遠されて支援を得づらくなる。

本ケースでは、経済的には恵まれているが、あまり人を信頼できないがために苦労している。本来なら訪問介護サービスを利用して、安心な介護生活を送ることもできるはずだ。おカネ持ちほど「ケチ」であると言われるが、まさにあてはまるケースである。

年金毎月10万円層が厳しい

要介護1の女性、渡邊とし子さん（85歳、仮名）は、毎月の収入が夫の遺族年金と自身の国民年金を合わせて毎月10万円程度である。室内での自力歩行はできるが、外出するときは転倒の危険性があるため、常時、杖歩行である。

2年前に夫が亡くなり世帯としての収入が減った。子どもがいないため60年以上2人で暮らしてきた夫婦で、夫が存命中は夫の年金（厚生年金）と自身の年金で毎月24万円程度の収入があったようである。

自宅はマンション（持ち家）ではあるが、管理費（修繕積み立て費を含む）及び固定資産税などの出費は変わらないままだ。また、定期的に医療や介護保険料が天引きされる（年金収入から自動的に引き落とされる）ため、手取りの年金受給額は実際には10万円に満たない。今後も定期的に保険料が引き上げられれば、手取りの受給額は目減りしていく。

ケアマネジャーの推測ではあるものの、夫の退職後は２５００万円程度の預貯金があったようだが、今では５００万円程度になっているのではないかと……。

夫が再雇用先を辞めて20年ぐらいは、お互い元気であったようで預貯金を取り崩しながら国内旅行なども２人で楽しんでいたようである。しかし、夫の病没後、同時期に渡邊さんも心身の機能低下が目立ち、要介護１との認定を受けて介護保険を利用するようになった。

「訪問介護サービス」(生活援助)週２回、「デイサービス」(通所介護)週１回と介護保険サービスを利用。毎月１回の通院には、往復のタクシー代５０００円程度がかかるそうである。本人はいずれ介護度が高くなれば特別養護老人ホーム(特養)を申し込むと言っているが、できるだけ住み慣れた自宅で暮らしたいという。

このような年金毎月10万円といった層の「在宅介護」は厳しいのが実態だ。財産がなく低年金受給者であれば生活保護を受給できるが、渡邊さんのような年金受給者で、一定の預貯金を有する者は対象外だ。生活保護受給者となれば、地域にもよるが単身(独居)高齢者世帯であれば毎月11万円程度の現金給付を受けられ、医療や介護保険料の負担もなく、サービス利用の際の自己負担も生じない。その意味では、渡邊さんのような年金受給者の介護生活は厳しいといえる。

第1章

やっぱり「おカネ」次第？

1　介護と経済力格差

老後不安を抱く高齢者

要介護者となった時、安心の介護生活を送るためには、やはり「おカネ」がなければと思うだろう。筆者も「介護格差」は経済格差と関連すると考える。金銭的余裕があれば、介護保険サービスで充分なケアが得られなくとも、自費（保険外）サービスで補うことはできる。介護施設選びにおいても未だ都市部を中心に待機期間を無視できず、特別養護老人ホームには直《す》ぐには入居できない。しかし、民間の有料老人ホームであれば経済的負担さえクリアできれば、原則、即時入居可能だ。

内閣府が全国60歳以上男女（施設入所者は除く）を対象に行った調査結果（2020年1月9日～1月26日、回答者1755人）から、「介護」と「経済生活」の関連を認識することができる。「複数回答形式」から「医療や介護費用」「介護施設等の入居費」「認知症などによる財産管理」といった面で不安を抱いている人が一定数いることがわかる（表1-1a）。

表 1-1a　経済的な面で不安なこと(複数回答)

(%, n=1755)

① 収入や貯蓄が少ないため，生活費がまかなえなくなること	25.8
② 自分や家族の医療・介護の費用がかかりすぎること	30.8
③ 自力で生活できなくなり，転居や有料老人ホームへの入居費用がかかること	26.0
④ ②③以外の生活費がかかりすぎること	3.9
⑤ 認知症などにより，財産の適正な管理ができなくなること	20.8
⑥ 自分が亡くなった後の相続などを含む財産の管理	8.7
⑦ その他	1.5
⑧ 不安と思っていることはない	34.2

表 1-1b　最も不安なこと(択一回答)

(%, n=1124)

① 収入や貯蓄が少ないため，生活費がまかなえなくなること	27.8
② 自分や家族の医療・介護の費用がかかりすぎること	27.3
③ 自力で生活できなくなり，転居や有料老人ホームへの入居費用がかかること	22.8
⑤ 認知症などにより，財産の適正な管理ができなくなること	14.4
⑥ 自分が亡くなった後の相続などを含む財産の管理	4.2
⑦ その他	1.8
④ ②③以外の生活費がかかりすぎること	1.6
不明・無回答	0.2

＊小数点処理で計 100% ならず

(出典)　内閣府政策統括官(共生社会政策担当)「令和元年度高齢者の経済生活に関する調査」(2020 年 7 月 31 日)より作成

特に、これら「不安」と回答した1124人に絞って「択一回答形式」の結果をみると、介護関連での経済的不安を抱いている人が存在することが明らかである（前頁表1-1b）。

介護費用はいくらか？

実際、介護が必要となったら費用はどのくらいかかるのか？　よく参考にされるのが、生命保険文化センターの「2021（令和3）年度生命保険に関する全国実態調査」（2021年12月）だ。それによると、介護に要した費用（公的介護保険サービスの自己負担費用を含む）のうち、一時費用（住宅改造や介護用ベッドの購入等一時的にかかった費用）の合計は平均74万円となっている。

また、月額の平均介護費用は在宅4万8000円、施設12万2000円となっている。もっとも、施設においては10万円以上を超えるケースが約6割となっており、在宅でも（10万円以上は）1割を超えている。確かに、施設と比べ在宅介護のほうが費用は安くなる（図1-1）。

しかし、在宅介護となると単純な介護費用以外にも、例えば通院に伴うタクシー代などの交通費は大きな出費となる。杖歩行や車椅子状態となれば、バスや電車といった公共交通機関を利用することはできず、往復1万円以上といったタクシー代は珍しいことではない。月2回通院となれば、医療費（医療保険）の自己負担よりも出費が重くなる。

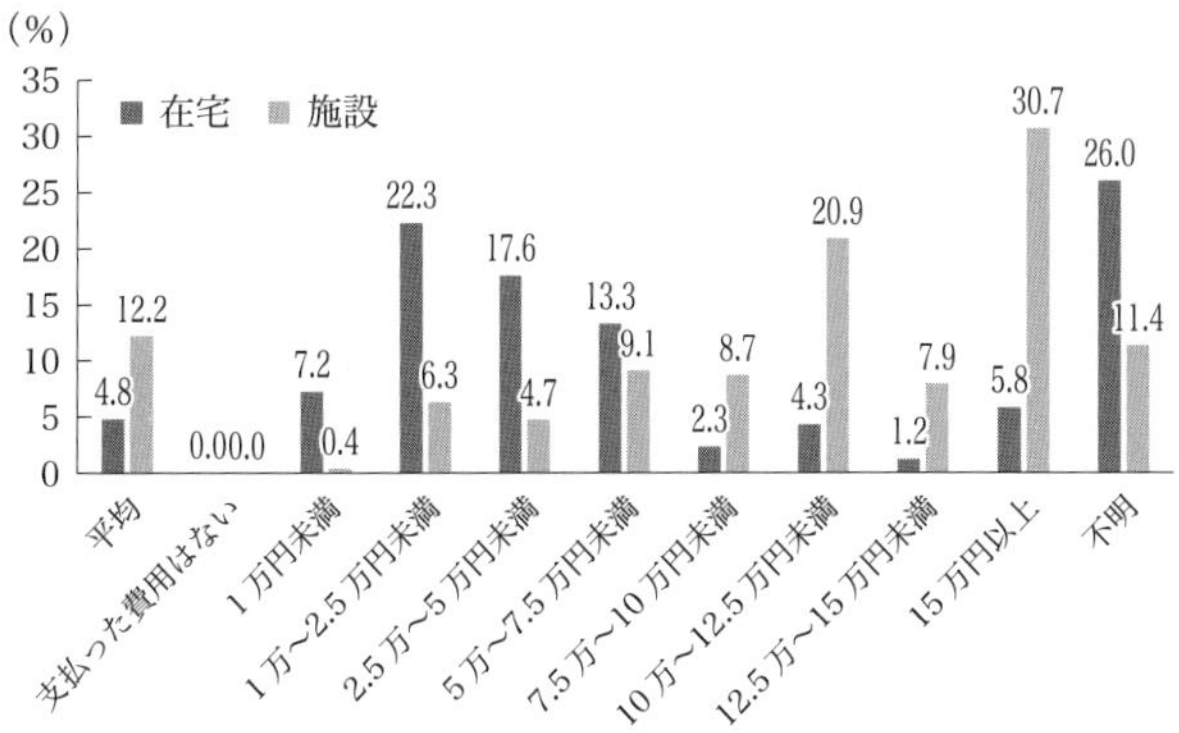

(出典)　生命保険文化センター「2021(令和3)年度生命保険に関する全国実態調査」(2021年12月)より作成

図1-1　在宅もしくは施設における介護費用(月額)の値段別割合

介護期間は？

なお、「介護」を始めてからの期間（介護中の場合は経過期間）は平均61・1か月（5年1か月）となっているが、10年以上が17・6％という割合にもなっている（図1-2）。

当然のことながら介護期間が長期化すれば、それだけ介護費用はかさんでいく。特に、「介護」は「医療」と比べて先が読みにくいため、預貯金などで対応するにしても「介護のためにどのくらい貯めればいいのか」と考えても、しっかりとした予想は立てにくい。

確かに、現役生活を終えても、年金もしくは資産収入が多ければ「介護不安」とはならないかもしれない。しかし、後で詳しく触れるが、そのような高齢者層は間違いなく少数派といっていい。要介護状態となると長生きすればするほど生活困窮者に陥ってしまうことは珍しくない。

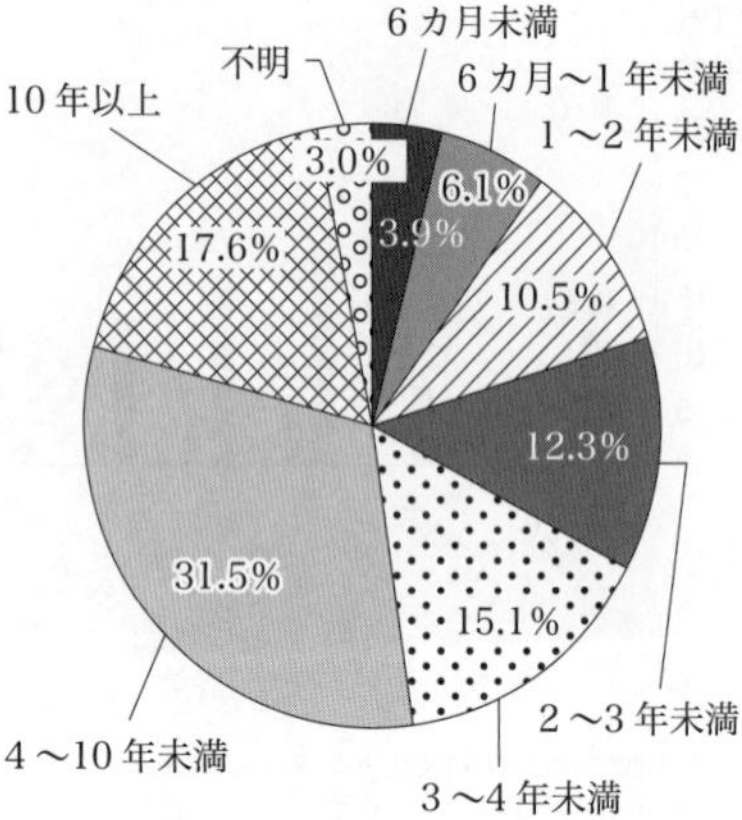

（出典）　生命保険文化センター「2021（令和3）年度生命保険に関する全国実態調査」（2021年12月）より作成

図1-2　介護期間（2021年）

2　貧困／裕福な要介護者

木造アパートに住むケース

筆者は、貧困要介護者の生活実態を把握するため某「地域包括支援センター」を訪ね社会福祉士に話を聞いた（２０２２年８月25日）。

「地域包括支援センター」とは市町村が設置主体となっている機関で、おおよそ中学校区に１か所設けられている「高齢者支援・相談センター」である。ここには高齢者及び家族、ケースによっては介護専門職自らが相談に訪れる。そして、日々、相談を受けている専門職の１人が社会福祉士だ。多くの相談・支援ケースに対応しているが、まさに「介護格差」を実感しているということであった。

この地域は都市部駅近に位置することから超高級マンションが建ち並ぶ反面、未だ昭和をほうふつとさせる木造2階建てアパート6畳1間(風呂なし・トイレ付き)、家賃は1か月約2万8000円といった物件もあるとのことだった。

このようなアパートに独りで暮らす高齢者は生活保護受給者が多いのだが、最も「貧困」を実感するのが国民年金のみで暮らすケースだという。

中田トシエさん(88歳、仮名)は、要介護1で毎月6万円の年金受給額で暮らす。そこから家賃約3万円及び食費、光熱費、社会保険料、医療や介護の自己負担分などを差し引くと手許に残るのが5000〜8000円弱でほぼ食費となる。当然、これだけで充分な食生活を送ることはできないこともある。そのため、定期的に福祉団体などが慈善事業の一環として行っている「食料支援」サービスを活用しているそうだ。特に、コロナ禍では企業や慈善事業による食料支援の回数が多かったため、要介護者といえども杖歩行で行列にならび食料を得ていたという。

しかし、身体機能が低下しているため重い米などは持てないため、頻繁に菓子類などを取得しているようだ。6畳1間の部屋も閑散としていて、ほとんど物がない状態。入浴は週2回のデイサービス(通所介護)で済ませる程度である。

担当社会福祉士は生活保護申請を勧めるが、おそらく預貯金が100万円程度あるため難しいのだという。徐々に預貯金を取り崩しているようだが、できるだけ使わないようにしている。とりあえず預貯金さえなくなり生活保護を申請すれば、いまのような貧しい介護生活からは脱却できるのにと、その社会福祉士は話す……。

裕福なほどケチ

いっぽう超高級マンションに住む、田中キミさん(90歳、仮名)は要介護1で独居高齢者。3LDKに独りで住み、時々、家政婦を雇うこともあるようだ。介護保険によるヘルパー(訪問介護員)利用は、介護人材不足の影響もあって派遣できる時間帯に制約があって希望に合わないこともあるからだという。その社会福祉士は何度かマンションを訪ね相談にのったようだが、リビングの家具には高級感が漂い、家政婦が出してくれたコーヒーカップなどは「セレブ生活感」を思わせるものだったという。

毎月の年金額は自身の国民年金と夫の遺族年金を合わせると約8万円ぐらいだというが、よほどの資産家であると推測される。子どもはいないため、亡くなったら甥《おい》や姪《めい》が遺産を相続するのかもしれないと……。

しかし、毎月の介護保険料が、年金から天引きされる(自動的に引き落とされる)ことに対してはシビアだそうだ。また、介護保険の自己負担に関しても本人は細かくチェックしており、例えば、ヘルパーの派遣回数をしっかり覚えている。介護保険は出来高払いの料金体系であるのため、1回ごとのヘルパー派遣回数によって自己負担分が計算されるためだ。

話を聞いた社会福祉士の経験では、裕福な高齢者ほど金銭問題には1円単位でシビアで、毎月の請求書及び明細書などの問い合わせが多い傾向にあるという。もっとも、金銭感覚に敏感だからこそ、裕福になれるのかもしれないとも語っていた。

3　介護保険料からの貧富差

介護保険料の仕組み

2000年4月から介護保険がスタートして四半世紀になろうとしている。年老いて心身の機能が低下し介護が必要となれば、原則1割、一定以上収入のある人は2割もしくは3割の自己負担で介護サービスを利用できるのが介護保険だ。もっとも、「高額介護サービス費」制度といって毎月の自己負担の上限額が決まっており、その上限は所得や家族構成に応じて1万5

000〜14万1000円と階層化されている。

介護保険は、①年金、②医療、③介護、④雇用、⑤労災といった「社会保険」の1つである。具体的な介護サービスについては後に詳しく触れるが、社会保険であるからには定期的に保険料を負担しなければならない。なお、介護保険に加入しなければならないのは日本に住所を有する人で外国籍であっても対象である。

加入する40歳以上65歳未満が「第2号被保険者」とされ、この層は自身が加入している医療保険料と合わせて介護保険料も負担することになっている。

また、65歳以上は「第1号被保険者」とされており、自ら介護保険を運営している保険者である市町村に保険料を納める。多くの第1号被保険者の介護保険料は自身の年金から自動的に天引きされて市町村に徴収される。これは「特別徴収」とされ、2022年4月1日時点で約3234万人の高齢者が対象となっている。しかし、年金受給額が年間18万円に満たない人は、口座振替か納付書による納付で支払うこととなる。これらは「普通徴収」とされ約360万人となっている。

保険料滞納とペナルティ

介護保険も社会保険であるからには、介護保険法により保険料を滞納すると一定のペナルティが科せられる。もっとも、多くの人は自動的に保険料が引き落とされるため、主に第1号被保険者の「普通徴収」対象者が該当する。

第1段階として、保険料を1年以上滞納すると、サービスを利用するには一旦、全額自己負担することになる。その領収書等を市町村に持参し手続きすることで、保険給付分の9割（1割自己負担層）、8割（2割自己負担層）、7割（3割自己負担層）分が戻ってくる。例えば、介護保険において「身体介護」のヘルパーを1時間利用すると、若干、地域によって差があるものの総費用4000円だ。ここから自己負担1割であれば、400円を支払えば残り9割分は保険給付となる。しかし、1年以上保険料を滞納すると、一旦、全額4000円を支払わなければならないのだ。

第2段階として、保険料を1年6か月以上滞納すると、一旦、既述の全額支払う仕組みに加え、介護サービス利用後に手続きして返還される9割分の額から自動的に滞納している保険料分が差し引かれるため、結果、戻って来なくなる。

第3段階として、保険料を2年以上滞納すると、自己負担1割もしくは2割の人は3割負担となり、3割負担の層は4割負担となってしまう。しかも、2年以上の介護保険料を滞納してしまうと、原則、時効となってしまい遡って保険料を支払うことができなくなるため、生涯自己負担割合が変わらない。もちろん、災害など特別な事情で一時的に保険料が支払えない場合は、徴収猶予や保険料の減額・免除される仕組みもある。

増える滞納者

厚労省データから、ここ数年介護保険料滞納者の現状が窺える。特に、ペナルティによって1割負担が2割負担となるなど保険給付減額者は、2022年1万1026人、2021年1万1236人、2015年1万883人、2014年1万335人となっている(厚労省「平成26、27、令和3、4年度介護保険事務調査の集計結果」)。

これら1万人以上の人が要介護者となれば、生活保護受給者とならない限り充分な介護サービスを受けることは経済的側面から不可能だ。これらペナルティ対象者の大半は1年間の年金受給額が18万円未満といった者で、生活保護受給者以外の貧困層に多いと考えられる。彼(女)は生活保護受給に対して抵抗感があり、あえて受給申請をせず厳しい生活を送っていると筆者は考える。

そのため、よほどの資産家で介護保険そのものを全く充てにせず、自費で介護生活を送ろうとする稀《まれ》な高齢者以外は、滞納するということは経済的に余力がないはずである。

なお、もう20年近く前にもなるが、筆者が従事していた時の在宅介護現場で、介護保険料を払わない高齢者がいたことを思い出す。年金保険料も滞納しており、無年金者で、社会保険など全く充てにしていなかった。親の資産を受け継ぎ、自らも自営業者として成功した超富裕層の高齢者であった。

「保険料を納める事務手続き、そもそも社会保障サービス自体に関心がない。自分のことは自分でやるから」といった言葉が印象的だった。このような社会保険に頼らない高齢者は、きわめて稀有《けう》な存在である。

介護保険料格差

65歳以上が毎月負担する介護保険料は、個人の所得に応じて額が異なる。2024年度から国基準が変わり第1段階から第9段階まであったのが、13段階にまで階層が細分化された。そのため、最も高い第13段階では基準額の2.4倍の保険料を支払うこととなる(表1-2)。

第1段階は、生活保護受給者もしくは世帯全員が住民税非課税世帯で年間合計所得80万円以下の者である。平均基準額となる第5段階は、本人が住民税非課税(ただし世帯内に課税者がい

表1-2　介護保険料基準額×13段階層

第1段階	基準額×0.285	生活保護被保護者または世帯全員が市町村民税非課税かつ本人年金収入等80万円以下など
第2段階	基準額×0.485	世帯全員が市町村民税非課税かつ本人年金収入等80万円超120万円以下
第3段階	基準額×0.685	世帯全員が市町村民税非課税かつ本人年金収入等120万円超
第4段階	基準額×0.9	本人が市町村民税非課税(世帯に課税者がいる)かつ本人年金収入等80万円以下
第5段階	基準額×1.0	本人が市町村民税非課税(世帯に課税者がいる)かつ本人年金収入等80万円超
第6段階	基準額×1.2	市町村民税課税かつ合計所得金120万円未満
第7段階	基準額×1.3	市町村民税課税かつ合計所得金額120万円以上210万円未満
第8段階	基準額×1.5	市町村民税課税かつ合計所得金額210万円以上320万円未満
第9段階	基準額×1.7	市町村民税課税かつ合計所得金額320万円以上420万円未満
第10段階	基準額×1.9	市町村民税課税かつ合計所得金額420万円以上520万円未満
第11段階	基準額×2.1	市町村民税課税かつ合計所得金額520万円以上620万円未満
第12段階	基準額×2.3	市町村民税課税かつ合計所得金額620万円以上720万円未満
第13段階	基準額×2.4	市町村民税課税かつ合計所得金額720万円以上

(出典)　社会保障審議会介護保険部会(第110回)「資料1：給付と負担について」(2023年12月22日)より作成

る）かつ年間合計所得金額が80万円超だ。いっぽう第7段階は、世帯に課税者がおり本人の合計所得金額が120万円以上、第8段階は、同じく210万円以上、第9段階は、320万円以上となっている。

もっとも、国基準の保険料階層は13段階ではあるが、市町村裁量で段階を細分化できるため、さらに細かく分かれている地域もある。

なお、具体的には2024年4月から、毎月の第1号被保険者の介護保険料は全国平均基準額が6225円（前回6014円）となっている。各地域（市町村）の平均基準額に段階ごとの値を乗ずれば介護保険料のおおよその金額が決まる。

仮に、基準額が6000円であれば第1段階が0・285であるから1710円、第13段階は2.4であるから1万4400円というわけだ。これが市町村によって細分化されると保険料の「格差」も所得に応じて拡充する。

なお、国基準13段階で階層区分をみると第1段階がもっとも多い（図1-3）。介護保険の被保険者は約3600万人だが、約650万人が生活保護受給者か年収80万円以下と考えられる。いっぽう年収320万円以上となる第9〜13段階は約234万人ということだ。保険料額からだけでも高齢者の年収格差が浮き彫りとなる。

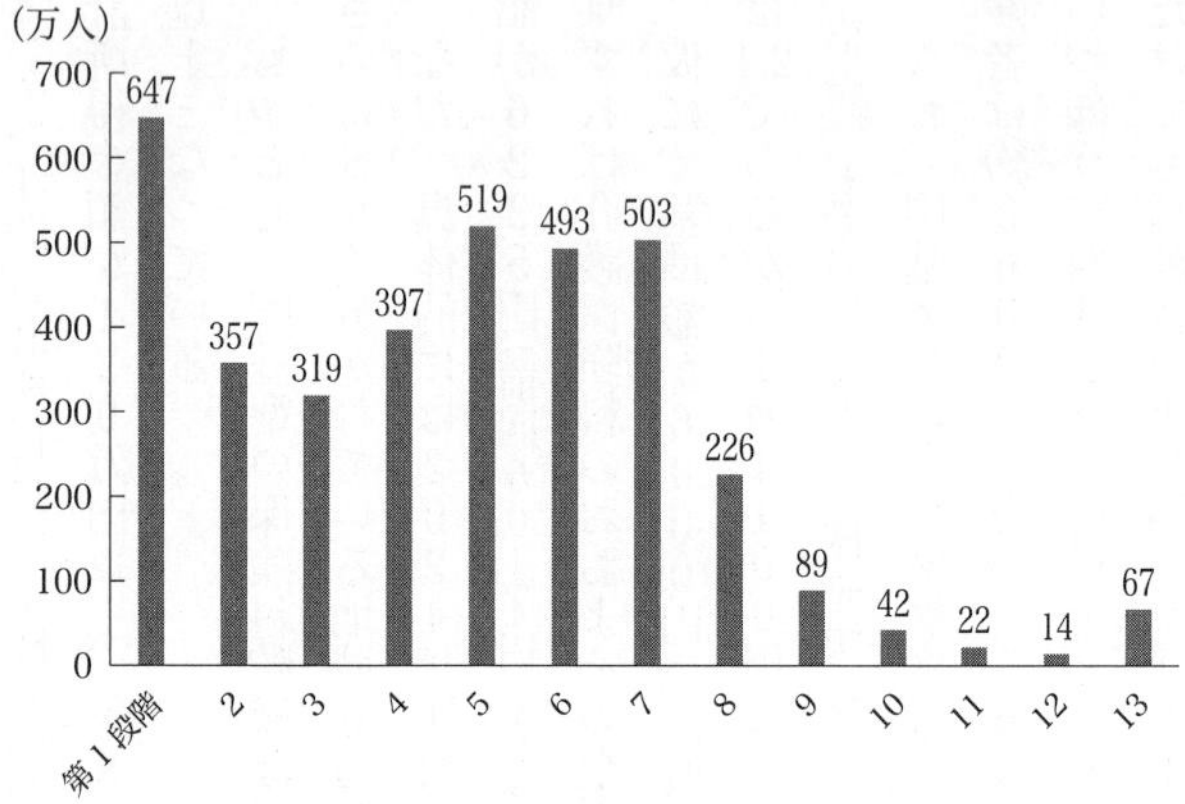

（出典） 社会保障審議会介護保険部会（第110回）「資料1：給付と負担について」（2023年12月22日）より作成

図1-3 介護保険料13段階別における人数区分

ただし、介護保険料から認識できる格差は、あくまでも収入のみの数値であり、既述の事例から、収入は少なくとも、かなりの資産家がいないわけではないということもわかる。また、現役世代のうちから老後の介護のために預貯金を増やして備えている者もいるだろう。

4 高齢者世帯の貯蓄格差

増える独居及び老夫婦高齢者世帯

２０２１年現在、65歳以上の者のいる世帯は２５８０万９０００世帯で全世帯の約５割となっている（内閣府『令和５年版高齢社会白書（全体版）』２０２３年７月）。そして、65歳以上の者のいる世帯数のうち、３世代世帯9.3％、親と未婚の子のみの世帯20・5％、独居高齢者（単独世帯）28・8％、夫婦のみの世帯32・0％だ。

１９８０年には3世代世帯の割合が約5割であったが、現在では1割にも満たない。そして、老夫婦高齢者世帯であっても、どちらかが亡くなれば独居高齢者となる。

独居高齢者（単独世帯）の実態

厚労省「令和4年国民生活基礎調査（所得・貯蓄）」から独居高齢者のおおよその貯蓄額がわかる。興味深いのは約15％が「貯蓄額がない」という点だ。ただし、後に詳しく述べるが生活保護受給の条件が、原則、貯蓄がないことであることも考える必要がある。もちろん、貯蓄がなくとも、年金等の収入のみで暮らしているケースもないわけではないが稀であろう。いっぽう３０００万円以上が約10％、２０００万〜３０００万円が約7％となっており２０００万円以上の貯蓄を有している独居高齢者が約17％となっている。

このことから貯蓄額だけにおいても「格差」が生じている。当然、介護が必要となれば貯蓄額によって状況は異なる。

核家族世帯の高齢者世帯

核家族世帯における高齢者世帯の貯蓄額は、多少、独居高齢者とは異なる。この調査における核家族世帯とは、「夫婦のみの世帯」「夫婦と未婚の子のみの世帯」「ひとり親と未婚の子のみの世帯」を意味する。つまり、老夫婦世帯や結婚しない娘や息子と同居している高齢者が該当する。

かつて「パラサイト・シングル」という言葉が流行った。しかし、パラサイト・シングルとして年齢を重ねて娘や息子が50代となると親の介護を考えなくてはならない。20代、30代は親と同居することで生活水準を高めていくことができた。そして、このような若者の一部が、結婚せずに気がついたら親の介護に直面するといったことになる。

ただし、当然、世帯員が2人もしくは3人となるから貯蓄額も独居の場合より多くなる。核家族世帯となると「貯蓄がない」は約9％となっているが、3000万円以上の貯蓄が約16％、2000万円以上では約26％となる。特に、未婚の子と暮らしていれば娘や息子の収入も想定できることも大きい。

3世代家族の場合

孫と同居する3世代世帯は、核家族世帯の実態とさほど変わりはない。未成年と同居している高齢者も一定数いるが、娘や息子が現役世代であればそれなりの収入が見込める。貯金額3000万円層の3世代のほうがやや少ないぐらいだ。孫が高校生、大学生といった3世代家族も少なくないと考えられるため、高額貯金額層が若干少なくなるのであろう。

5　老後資金2000万円不足問題

金融庁報告書

かつて「老後資金2000万円不足問題」が社会でトレンドとなり、老後のために夫婦で2000万円の預貯金が必要との話題が社会で広まった。その根拠となったのが金融庁金融審議会市場ワーキング・グループ報告書『高齢社会における資産形成・管理』(2019年6月3日)だ。

それによると、夫65歳以上及び妻60歳以上の夫婦のみの無職世帯家計において、平均実収入(約21万円)と実支出(約26万円)を差し引くと、毎月平均約5万円の不足が生じるという推計が示されたのである。そして、残りの人生が20～30年とすれば不足額の合計が約1300万～20

00万円という試算になるというのである。

厚生年金受給者における格差

かつて民間事業所の勤め人であった厚生年金受給者を、「第1号厚生年金被保険者」という。また、第2号は国家公務員、第3号は地方公務員、第4号は私立学校教職員とされている。基本的に年金支給開始(受給)は65歳からとなっている。ただし、一部、本人の意思で繰り上げ受給(65歳以前でも受給できるが金額が減少)、もしくは繰り下げ受給(65歳以降で受給すると金額が増加)といった選択をすることもできる。

2022年度末時点で第1号厚生年金被保険者における男性65歳以上の平均受給額は月々約16万7000円となっている。しかし、女性は勤め人として働いていたとしても、一部の人は産休・育休などをとらずに退職してしまう者も少なくない。そのため、女性65歳以上の平均受給額は月々11万1000円に過ぎない。子育てが落ち着いて、再度、働いたとしても男性に比べ厚生年金の保険料納付期間が短くなり、結果、受給額が低くなる傾向だ。

なお、超少子高齢化の影響によって年金受給額は年齢が下がる(若くなる)につれ減額傾向である。年金を単純に損得勘定で考えると、若い人のほうが不利となる。いくら勤め人として働いて厚生年金受給者となっても、安心した老後の収入を得る保証はない。特に、女性が社会進出することで共働きが主流となってきてはいるが、実際の年金受給額においてはかなりの差がある。

老齢基礎年金(国民年金)は厳しい

農家や自営業などであった老齢基礎年金(国民年金)のみ受給者の場合、受給額は月々平均5万1000円に過ぎない。そのため、高齢者は仕事を辞めてしまうと一挙に収入が減ってしまい、年金受給額だけでは家計を維持するのは厳しくなる。

昨今、高齢者雇用が増えている傾向にあるが、彼(女)らの一部は生計を維持していくためにやむなく働いている者も少なくない。よほどの預貯金や資産収入がなければ、生活保護受給者よりも困窮することもある。

厚生年金と国民年金との格差

「老後資金2000万円不足問題」を考えると、厚生年金受給者と国民年金受給者とでは論点が大きく異なっている。なぜなら、先の金融庁試算モデルでは平均実収入が月約21万円とされており、夫が厚生年受給者、妻は国民年金受給者といった家計が想定されている。しかし、夫も妻も国民年金受給者であれば、２人合わせて約10〜11万円の実収入にしかならず、金融庁の平均実収入より約10万円も不足するからだ。

そうなると、毎月の不足額は５万円ではなく約15万円となり、３倍の６０００万円程度の預貯金を有していないと安定した老後を送ることはできないことになってしまう。

あくまでもモデル試算での議論であるから、例えば、老夫婦とはいえ息子や娘の仕送りがあるか否かでも状況は変わってくるため一概に論じることはできないが、いずれにしても厚生年金受給者と国民年金受給者との格差は生じてしまう。

6　生活保護受給者は「最下位層」ではない

半数以上は高齢者

生活保護受給は世帯単位でなされており独り暮らしであっても１世帯、４人暮らしでも同様である。全国の生活保護受給世帯数は約１６５万世帯で、実際の保護受給者数は約２０２万人である（厚労省「生活保護の被保護者調査（令和６年３月分概数）の結果」２０２４年６月５日）。もっとも、いまや生活保護受給者の約55%は高齢者層である。そのうち高齢者世帯の約9割が単身高齢者世帯(独居高齢者)となっている。

具体的な受給額は、大都市部と地方農村部で差があり物価などが考慮されている。基本的には生活費に相当する「生活扶助」と、住宅費といった家賃代に相当する「住宅扶助」が大きく占め、基準額として単身高齢者世帯では約10万~13万円。老夫婦世帯の2人暮らしであれば約14万~18万円程度である。もっとも、年金収入等があれば、その基準額から差し引いた金額が毎月支給される。仮に、基準額10万円であれば、毎月年金5万円の収入があるとすれば差額の5万円が生活保護受給額となる。

医療や介護の負担がゼロ

それに医療保険料、介護保険料、そして、これらのサービス利用者負担分(自己負担分)は、「介護扶助」「医療扶助」といった受給として認められており負担はない。つまり、生活保護受給者となれば医療や介護には、一切の負担がなく一定のサービスを受けられる。

特に、毎月の年金額が8万円であった場合、生活保護受給者となれば差額2万円分の受給額が保証されることよりも、医療保険や介護保険における負担が「ゼロ」となるほうが実質的なメリットは大きい。

もっとも、生活保護申請が認められ受給が決定されるには、貯金は「ゼロ」であることが原則である。しかも、申請者の「扶養照会」が親族になされることもある。扶養照会とは、3親等内の親族に当該申請者に何らかの支援はできるかといった問い合わせを福祉事務所(市役所)が行うものだ。ただ、扶養照会の程度は福祉事務所によって差があり、必ずしも詳細な問い合わせがなされないこともある。

生活保護受給者と高齢者アパート

高齢者が独りでアパート暮らしをしている場合、要介護者となれば、適宜、ヘルパーに頼んで身の回りの世話になると考えるだろう。

確かに、このような状況が大半ではあるが、一部、都市部には生活保護層を対象とした高齢者アパートがある。もちろん、住人は独り暮らしが大半である。

大阪市西成区にある高齢者アパートを取材した(2021年11月12日)。このアパートは家賃が約4万円で、居住者は全て生活保護受給世帯である。要介護者が多く、ここからデイサービスやリハビリ(リハビリテーション)施設に通う者も多い。20年前は日雇い労働者用の簡易な宿泊所

（ドヤ）であったが、現在、日雇い労働者がそのまま高齢者となり、宿泊所経営も生活保護受給世帯層に特化したそうだ。

各部屋に風呂はなく共同のシャワー施設はある。近くに銭湯もあるが、多くの要介護者は、昼間、デイサービスに通うことで入浴は済ませている。部屋の間取りは6畳1間で小さなキッチンが設けられトイレは各部屋に設置されていた。ある要介護者が住む部屋を本人同意の下、垣間見させてもらったのだが、畳部屋に、ちゃぶ台1つと小さなテレビぐらいしかなかった。

住人の大半は天涯孤独で、身元保証人もいない。ただし、アパートの大家さんにとってみれば、何かトラブルが生じた際には全世帯が生活保護受給者であるため、大阪市役所のケースワーカーが対応してくれるので安心のようだ。

生活保護受給となれば介護は安心

このように預貯金など財産もなく生活保護受給者となれば、「介護」生活においては必ずしも「最下位層」とはならない。必要であれば介護保険サービスも、自己負担額を気にすることなく区分利用限度額内であれば利用できる。毎月の介護保険料負担もなく、無年金者であっても心配はない。

実際、このようなケースに携わるケアマネジャーやヘルパーの大半は、生活保護受給者に関しては、少なくとも介護生活においては「貧困」層とは認識していない。むしろ、低年金層の介護生活と比べると、介護サービスの利用に関しては生活保護受給者のほうが有利であるとの認識だ。

7 格差はジニ係数で測れるのか？

ジニ係数とは

介護格差を分析するうえで、所得などの収入格差との因果関係を避けることはできない。これまで述べたように経済的に余裕があれば介護生活も安心して送れる可能性は高くなる。いっぽう生活保護受給者を除けば、低所得者は厳しい介護生活となるのは明らかである。そのため、高齢者の所得格差を探求することは、そのまま「介護格差」を分析することにも繋《つな》がる。

そこで所得格差を測る尺度として用いられるのが「ジニ係数」だ。イタリアの数理統計学者コッラド・ジニが考案したもので、具体的には「ジニ係数」は0から1までの数字で表され、0に値が近いと、当該国（もしくは地域・集団）は所得分配が機能しており「格差」が少ないという評価になる。逆に1に近づくにつれ、その国（もしくは地域・集団）は所得分配が機能しづらく「格差」が拡大していることになる。

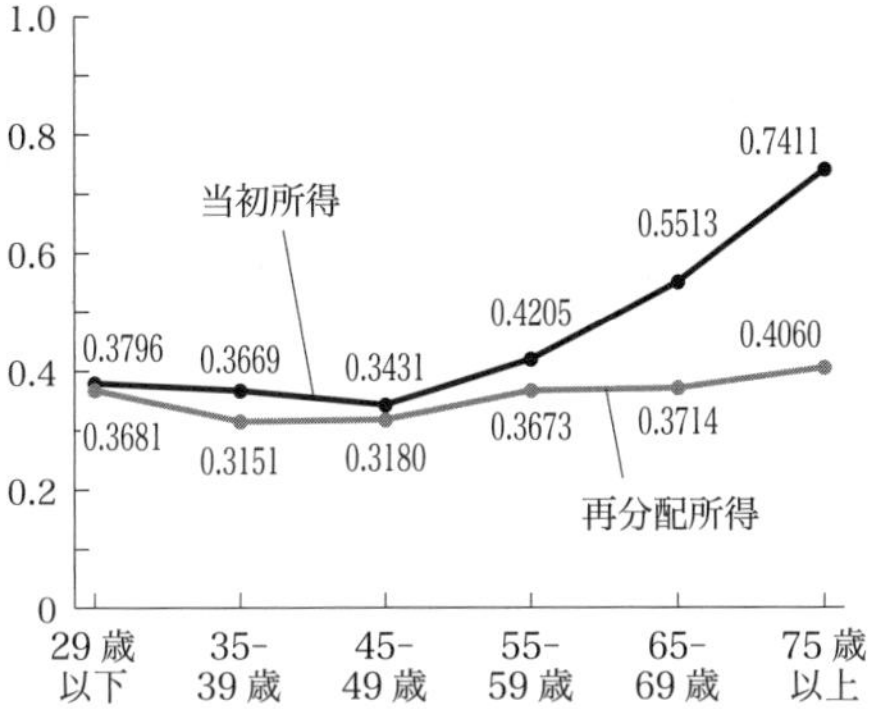

（出典） 厚労省「令和3年所得再分配調査」(2023年8月22日）より作成

図1-4　世帯主の年齢階級別ジニ係数

図1-4はジニ係数を年齢別に示したもので、1つは単純に社会保障等を加味せずに自力で得ることができる所得のみで測る「当初所得」である。これにおいては60歳、65歳から急激にジニ係数が1に近くなり世代内格差が拡充していることがわかる。60歳を過ぎると、どうしても正社員での就職機会が減少していき、再雇用や低賃金バイト収入しか見込めなくなる傾向だからだ。

いっぽう「再分配所得」は、税負担調整、社会保障サービスや福祉サービスなどの利用状況を加味しての所得である。年金や生活保護などの受給を加味した再分配所得においては、75歳以上と50歳〜59歳とを比べても差がなくなっていく。つまり、社会保障制度によって高齢者間の格差は是正されているといえる。

サービスに繋がらない層

ただし、再分配所得はあくまでも社会保障サービスを享受できる人を対象としているため、実際にはサービスに繋がらない高齢者も多い。特に、生活保護受給に繋がらず、狭い6畳1間のアパートに独りで暮らしている人は珍しくない。このような生活保護水準以下で暮らしている高齢者は、かなりの低所得者層である。

日本弁護士連合会(日弁連)資料によれば、本来、申請すれば生活保護受給が可能であるにもかかわらず申請せずに困窮状態にある人の割合が8割ではないかとの推計値を示している。同様な数値は2018年5月29日参議院厚労委員会にて厚労省の責任者が、議員の質問に対して答弁している。

つまり、生活保護の「捕捉率」といって、本来、生活保護を申請すれば該当するにもかかわらず、実際は2割程度しか受給されていないとなる。そもそも当初所得において年齢を重ねるにつれ格差が拡大しているということもあって、生活保護の「捕捉率」が低いということは高齢者層において格差問題はより深刻であると考える。

民間介護保険の加入者

そもそも、老後生活で「格差」が生じることは、一部、個人の長年の生き方が大きく影響しているかもしれない。例えば、老後を見据えて民間の介護保険に加入する者が増えつつある。実際、各民間保険会社は「介護保険」の商品化を進めており、これらの実績も増えている。先の生命保険文化センター資料によれば、民間介護保険及び介護特約の世帯加入率は2021年度16・7%と2009年度13・7%とを比べると増加傾向だ。特に、世帯年収別では「1000万円以上」22・4%、「300万～400万円未満」9.9%と年収があがるほど加入率が高くなる。

社会保障サービスでは充分でないと考える人らが、現役世代のうちから民間保険会社の「介護」「年金」「医療」保険に加入し老後生活に備えているのであろう。

しかし、このような民間保険に加入できるのは一部である。今後、民間保険にも頼れる高齢者と、社会保険しか利用できない人たちとで二極化し、「介護格差」問題は深刻化していくであろう。

第2章

頼れる人がいるか否かで明暗が分かれる

1　介護格差は若いときから始まる

要介護者の人間関係?

介護生活は経済状況に大きく影響を受けるのだが、「人間関係の希薄化」も大きな課題の1つである。筆者は、これまで多くの介護関係者に話を聞いてきたのだが、独居高齢者、老夫婦高齢者、家族同居高齢者において、それぞれの「孤独」があり、それによって介護生活も左右される。これは在宅であれ施設であれ違いはない。

なぜなら要介護者となれば、自分で自由に体を動かすことができず行動範囲が縮小していくからだ。認知症ともなれば、当然、人間関係は健常時と比べて希薄化していく。心身の機能低下が避けられない要介護者は、どうしても「寂しさ」を感じる時間が増えてしまいがちになる。そして、人間関係も希薄化していくなかで「生きがい」「充実感」なども減退していく可能性が高くなる。

例えば、特別養護老人ホームや有料老人ホームの生活相談員の話によれば、入居高齢者が元気か否かは、定期的な面会人がいるか否かで違うという。コロナ禍で家族らの面会制限があった時期を除けば、家族や友人が適宜、面会に来る高齢者は介護生活も充実しているそうだ。しかし、全く面会人が来ない高齢者は、それなりに元気ではあっても寂しげな表情を目にするとのことである。安心して介護生活を送るには、一定の人間関係が継続・維持されていることが鍵となる。

しかし、要介護者となっても親族であれ友人であれ定期的に交流を保つには、若い時から人間関係の重要性を認識し「人付き合い」を心がけておく必要がある。確かに、要介護1・2となり、デイサービスなどを利用することで、新たな要介護者同士の人間関係を構築できる機会はあるが、要介護者となって、新たな人間関係を構築していくことは非常に難しい。また、有料老人ホームやサービス付き高齢者住宅(サ高住)に入居することで、高齢者同士で友人をつくることもできるだろう。しかし、要介護者同士で人間関係を構築するのには若い時から「人付き合い」の重要性を心がけていることが不可欠である。仮に、若い時は人との交流を避けて過ごしていたが、高齢者となって急に生き方を変えるとしたら相当な努力が必要となる。

寝たきりや常時車椅子といった中重度の要介護者ともなれば、新たな人間関係の構築はさらに難しくなる。もっとも、パソコンやSNSに精通している要介護者は例外かもしれないが。

孤独への不安

内閣府資料によれば、年齢別にみると「孤独」を感じている割合は、70代がもっとも低くなっている。男性と女性を比べると80歳以上を除くと男性のほうが「孤独感」を感じやすい傾向だ(図2-1)。

このデータで興味深いのは、年齢を重ねるごとに「孤独感」を抱く割合が減少傾向であるものの、80歳以上となると一挙に上がっていくことである。高齢者といっても70代は元気であり心身ともに良好である者が多い。旅行、カラオケ、ゴルフなど趣味の活動をしたり、アルバイトなど仕事をしている人も珍しくない。しかし、80歳をすぎると心身機能の低下が際立つようになる。

なお、生産年齢人口(15~64歳)層の「孤独感」と、80歳以上のその捉え方は、若干、異なると推察され「老い」「介護」「死」といった心情が複雑に重なり合っての「孤独感」であろう。そのため介護の良し悪しに関しては、本人の「感情」という主観的な側面も無視できず、「孤独感」に陥らないようにしていくことが明暗の分かれ目ともなる。

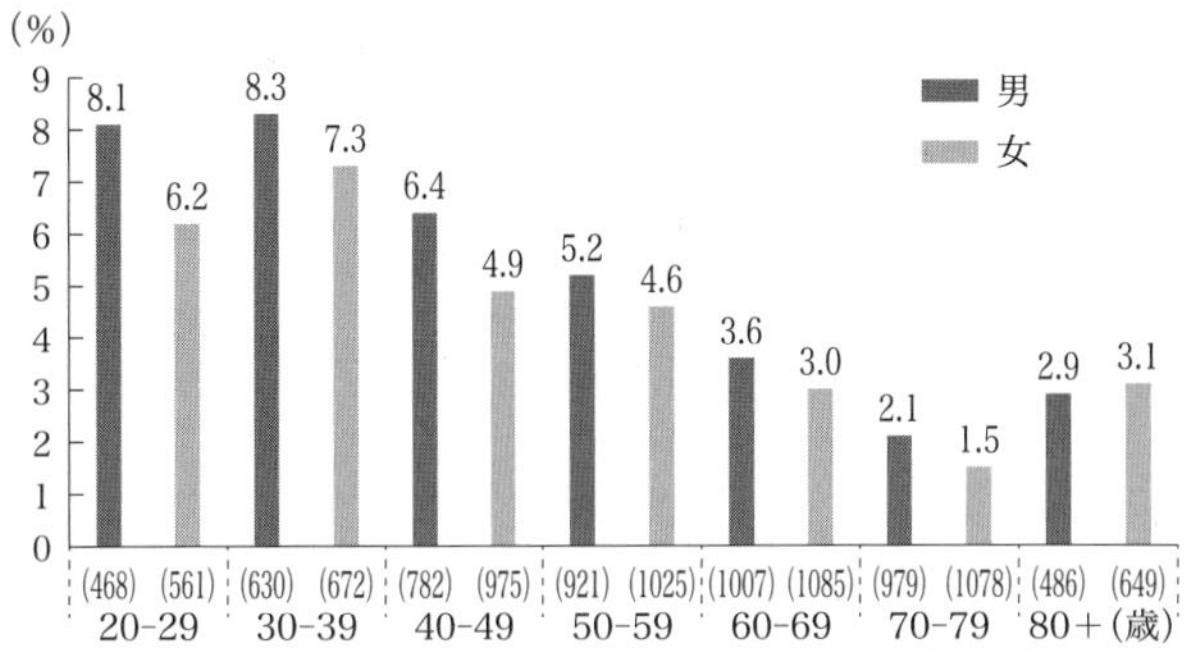

（出典）　内閣官房孤独・孤立対策担当室「第3回孤独・孤立対策推進会議説明資料」(2022年4月26日)より作成

図2-1　孤独感が「しばしばある・常にある」と回答した人の割合

2　「おひとりさま」は気楽ではない

介護施設の3割は入居困難

雑誌記事などで「おひとりさま」の老後の暮らし方について、1度は見聞したことがあるだろう。気楽な生き方かのような論調も見られ、ある種ブームとなっているようにも思える。

しかし、介護生活となると「おひとりさま」は、かなり厄介な生き方になる可能性が高い。しかも、たとえ経済的に裕福だからといっても安心とは限らず、親族や頼れる知人がいなければ苦労することがある。なぜなら、病院への入院もしくは介護施設等への入居には、親族による身元保証人が必要となることが一般的だからだ。もし依頼できる親族が1人もいなければ、友人もしくは知人に依頼することもできなくはないが。

なお、「身元保証人」という呼び名を使用せず、「緊急連絡先」といった名目で求められることもあるが、役割としては同様の意味合いを持つ。

2018年3月厚労省委託事業による調査結果から、介護施設等への入居時に交わす「契約書」において、「本人以外の署名がなくとも、そのまま入所(入院・入居)を受け入れる」は僅か13・4%に過ぎなかった。しかも「本人以外の署名がないままでは入所(入院・入居)は受け入れていない」が30・7%となっており、身元保証人等がいなければ約3割の介護施設等には入居できないことが分かった(表2-1)。

もっとも、身元保証人がいないことで入居を拒む理由とすることは、法令に抵触する可能性が高いため、介護施設側は別の説明をするのが一般的だ。例えば、今、「ベッドが空いていません」など差しさわりのない理由で婉曲《えんきょく》に拒否するのである。

身元保証人とは

なぜ身元保証人が求められるのかというと、経済的な保証という意味合いもあるが、さらに重要な理由がある。それは、亡くなった場合には葬儀や遺骨供養の手続きなど、死後対応も担

表2-1　介護施設等における「本人以外の署名欄」に記載ができない場合の入所(入院・入居)の取扱い

(%, n=2288)

本人以外の署名がなくとも，そのまま入所(入院・入居)を受け入れる	13.4
条件付きで受け入れる	33.7
本人以外の署名がないままでは入所(入院・入居)は受け入れていない	30.7
特に決めていない(これまでにそのような事例がない等)	20.3
無回答	1.9

(出典)　みずほ情報総研『介護施設等における身元保証人等に関する調査研究事業報告書』(2018年3月)より作成

うことが求められるからだ。なお、介護現場で問題となる「身元保証人」とは、債務者が金銭を返済しない場合に債務者に代わって返済する「連帯保証人」を意味するものではない。

某介護施設の生活相談員に、身元保証人がいない高齢者を受け入れた際の苦労話を聞いた(2022年5月7日)。この施設では身元保証人がいないケースでも、やむなく例外的に受け入れるが、亡くなった際の対応はかなりの負担となるという。葬式等は行わないまでも棺の手配、火葬場へのご遺体の移送、そして、無縁仏への埋葬など、本来、介護施設の生活相談員が担うべき業務を超えて対応しなければならないそうだ。このような埋葬に関する対応は、通常の要介護者であれば親族らの身元保証人が行うのだが、いなければ全て介護施設側が負うことになる。

しかし、身元保証人らがいなくとも常時受け入れてくれる介護施設を、かつて訪ねたことがある。共通していたのがいずれも仏教もしくはキリスト教などの宗教法人系の介護施設であるということだった。また、それらの施設長の話によれば「身寄りがいない」「頼る人がいない」などの高齢者の受け入れ先として、50年以上も福祉・介護事業を担っているとも。

印象的だったのが、教会や寺院などが隣接され、墓地も敷地内にあり無縁仏の供養ができるようになっていたことだ。宗教系法人の介護施設の多くは、高齢者のケアから埋葬まで人生の全てを締めくくる福祉支援を理念として掲げているため、身元保証人がいるか否かで受け入れを判断することはないようであった。

医療同意が課題

その他にも要介護者の病状が悪化したら、延命治療の有無や治療方針などを身元保証人らにも判断してもらうことになる。特に、急変して本人の意識がなくなれば「人工呼吸器装着?」、口から物が食べられずお腹にチューブを通して栄養補給する「胃瘻《いろう》手術は?」などは、医療機関側が身元保証人らにこれらの判断を仰ぐことになる。いってみれば病院や介護施設では、終末期医療(ターミナルケア)の判断等の責任を負いたくないのである。稀に尊厳死などの「リビング・ウィル」を宣言している患者もいるが、大部分の高齢者は、病気になる前から延命治療の有無について意思表示はしていない。だから、いざそうなった時には、医療機関は身元保証人に判断してもらうのだ。

援助者にとっての安心感

在宅介護現場においても、ケアマネジャーやヘルパー、デイサービス職員らが、些細《ささい》なことでも判断を要する場面があり、身元保証人もしくは緊急連絡先となる人物がいるか否かで業務負担は大きく違うという。

たとえば、援助者が買い物支援を行う際に、高齢者本人が購入したい物を全て受け入れるのに躊躇《ちゅうちょ》する場面がある。具体的には独居高齢者に高価な買い物を頼まれる場合、本当に購入していいのか、認知症ではないが高齢者が後先を考えずに買い物をしていないかなど、援助者と高齢者間のみのやりとりでは微妙に不安を抱く際、身元保証人に確認をとることで安心して本人の要望に応えることができる。また、些細な理由で高齢者が通院先のクリニック(診療所)を変えたいと相談を受けたケアマネジャーが、近隣の別のクリニックを探すにも身元保証人の確認を得ることで気持ちのうえでは楽になるようだ。

どうしても、在宅介護現場の援助者は日常生活を支えることも介護の一部となり、本人からの依頼でも本当にその要望を受け入れても差し支えないのか判断に迷うのである。特に、高齢になればなるほど、本人の意思判断に疑念を抱く場面がみられるため、身元保証人らの確認は援助者の精神的な支えとなる。

3　身元保証人がいない

親族以外でも

通常、関係がそれほど悪くなければ息子や娘ならば、同居していなくとも身元保証人として入院もしくは入居の手続き、その後の家族対応はしてくれるに違いない。また、子どもがいない高齢者は姪や甥、年下の従兄妹といった親族が身元保証人として引き受けてくれるだろう。

しかし、筆者が話を聞いたあるケアマネジャーによると、娘や息子以外での親族が身元保証人を担うケースは、高齢者本人が若い時から親戚付き合いに心がけていた場合に限るとのことであった。当然のことではあるが、甥や姪に連絡して身元保証人を断られるケースも多々あるそうだ。「甥や姪といっても、人生のうちで2、3回程度しか会ったことがないので」と、全く他人の関係であることは珍しくない。

　筆者が研究者として関わっている都内の地域包括支援センター449か所から回答を得た226か所の調査結果によれば、身元保証人の有無は要介護者を介護施設等に入居させる重要なポイントであることがわかった（東京都社会福祉協議会（ソーシャルワークヴィジョン検討小委員会）「さまざまな問題を抱えた高齢者の行き場・実態調査報告書」2019年10月）。

　「施設系サービスを決めるときに何を重視して決めていますか」（複数回答最大3つまで）という問いに対して、複数回答ながらも高齢者の「経済的なニーズへの対応」が一番多く約23％、「待機者が少なく早期の入所が可能」約13％、「信頼できる施設であった」約12％、「医療的ニーズへの対応」約11％、「身元引受人・成年後見人が不在でも入所できる」約10％と続いた。

　また、自由意見として「保証人、身元引受人をどのようにしていくかが大きな課題」「施設の相談員さんは「身元保証」「死後事務」「医療同意」はだれが行うのかを常に気にしており、この3点をクリアすれば行き場が広がる」「身元保証や財産管理、死後事務等を費用をかけずに保証する仕組み、法制度」「保証人がいなくても借りられるような制度」といった回答が寄せられた。

　この調査から、介護現場では身元保証人問題について援助者が苦慮していることが分かるだろう。人は社会の中で生活しているため、どうしても社会秩序の範囲の中で対処していかなければならない。特に、日本社会では「身元保証人」という仕組みが社会に根付いている。学校入学、就職(バイトを含む)、賃貸物件の手続きなど、あらゆる場で身元保証人が求められる。

昨今、熟年離婚も増えており、子どもがいない高齢者夫婦も増加している。また、親族がいたとしても兄弟姉妹や従兄妹が80歳を超える同年代の場合は、身元保証人として認めてもらえない場合が多い。つまり、介護格差を考えるうえで、「身元保証人」もしくは「緊急連絡先」といった頼れる人がいるか否かで大いに違ってくるのである。

身元保証人を請け負う業者

2016年3月18日、内閣府より「日本ライフ協会」(東京都港区)が「公益目的事業を行うのに必要な経理的基礎がない」として、公益認定の取り消し措置がなされた事件をきっかけに、身元保証人問題が顕在化した(「日本ライフ協会内閣府公益認定を取り消し」『毎日新聞』2016年3月18日付)。

当時、「日本ライフ協会」は会員約2600人を有しており、身寄りのいない高齢者が「アパートに入居する」「介護施設に入居する」「病院へ入院する」などの際、金銭的な契約によって協会組織として身元保証人を引き受けていた。会員は協会組織に約１６５万円を支払う代わりに、長期間、身元保証人となり親族同様の支援をするシステムであった。しかし、会員からの多額の資金を別な用途に流用したことで、「日本ライフ協会」は破産状態に陥り、別の法人に全事業を譲渡しようとしたが、この法人は最終的に辞退した。そこで協会は解散を迫られた。当然、契約した高齢者らへのサービスも中止され、多額の契約金は返金されずに「身元保証人難民」が生じた。

２０２２年3月29日総務省より「身元保証人がいないことを理由に入院を断られた」等の病院や介護施設での実態調査が公表されている（総務省「高齢者の身元保証に関する調査（行政相談契機）―入院、入所の支援事例を中心として―結果報告書」２０２２年3月29日）。

それによれば、身元保証人が用意できなければ「入院・入所をお断りする」との回答もみられ、施設では2割を超える１６１か所。そして、病院・施設の合計では「身元保証会社を紹介する」との回答が79か所の6.3％であった。

病院や介護施設等では、依然として一部のケースに関しては民間の身元保証会社を紹介していることが分かる。その意味では、経済的に余裕のある高齢者であれば遠い親族に頭を下げて依頼するよりも、一定の金銭による「契約」によって請け負ってもらうほうが気持ち的に楽なのかもしれない。

しかし、あくまでも市場経済であるため契約した会社が倒産してしまうリスクはつきものである。しかも、このような民間の身元保証会社に対しては公的機関の監査・指導体制が制度化されておらず、あくまで市場経済の範疇《はんちゅう》でしかない。

一部の自治体では社会福祉協議会などに公的資金を投入して、民間市場よりも安価に身元保証サービスを利用できるケースも見られるが、稀である。身元保証人は、あくまでもプライベートな領域であり高齢者独自で対応するのが今のところ、社会通念といえよう。

成年後見人制度は限界がある

身元保証人の機能を一部、代替している制度として「成年後見人制度」がある。認知症などによって自分で判断できない場合、高齢者の権利が侵害されないように代わって「契約」や事務手続きなどを支援するのが成年後見人制度である。

具体的には、成年後見人が金銭管理や各種手続きといった「財産管理」を行い、担当のケースである高齢者が行った契約を本人の不利益と判断すれば代わって取り消すことも法的に認められている。また、「身上監護」といって、介護サービスの利用契約や介護施設の入居、病院の入院に関する契約手続きなどを支援することも可能だ。

しかし、この制度の対象としては、認知症など自らの判断が難しい疾病や障害を抱えた高齢者が想定されている。そのため、意思表示や判断能力はあるが要介護状態にある高齢者は対象ではない。しかも、成年後見人は担当のケースで手術などが生じた際、医療行為への同意に応じる権限までは法律的に付与されていない。

つまり、成年後見人制度を活用して、一部、身元保証人の代替機能を託することはできるかもしれないが、その範疇は身元保証人と比べると狭い。

ただし、生活保護受給者である要介護者に関しては、医療や介護現場では市役所の担当ケースワーカーが身元保証人の代替機能を果たしている。契約書に「身元保証人」と記載する事例はないものの、「緊急連絡先」として市役所の担当ケースワーカーが担う場合が多々ある。こういった場合、病院や介護施設では、市役所の担当ケースワーカーに身元保証人と同等の役割を期待できるとして入院や入居を拒むことはない。しかも、市役所という組織が支援していると認識されるのである。

4　要介護者の仲間の大切さ

デイサービス等での人間関係

「デイサービス」（通所介護）という日帰り型の介護施設がある。自宅から施設まで車で送迎対応してくれる在宅介護サービスの定番の1つである。施設では、昼食、入浴、簡単なリハビリテーション（リハビリ）、カラオケ、ゲーム大会、創作などといった趣味活動など多彩な過ごし方ができる。自宅での閉じこもりを防止する意味でも重要な介護サービスである。しかも、要介護者が週2、3回デイサービスを利用することで、安定した食生活、入浴機会が保証され、心身の機能低下を防止する意味でも重要だ。過疎地域を除き多くの地域にデイサービス介護事業所は無数に存在し、一部、供給過剰によって競争が激化している分野でもある。

いっぽう、「デイケア」（通所リハビリ）という同じく日帰り型介護施設がある。デイケアは、主にリハビリを主軸にした介護サービスであり、デイサービスと比較して医療的側面が強い。しかも、主に医療機関や介護老人保健施設（老健）で提供されるサービスであるため事業所数は限られている。

なお、全国的にデイサービス及びデイケアといった日帰り型介護サービスは、要介護1・2といった軽度者の利用が約7割を占めている。

筆者は、某デイサービスの生活相談員に現場の話を聞いた（2021年11月21日）。デイサービスには要介護4・5の利用者もいるが、多くは要介護1・2といった軽度者だという。そもそも重度の要介護者が在宅介護生活を送っているケースは少なく、自ずとデイサービス利用者も少ないそうだ。要介護4・5で在宅で暮らしている方は、家族介護者がいる、あるいは在宅介護にこだわりがあるといった一定の条件でないと継続は難しいとのことであった。

ちなみに、軽度の要介護者がデイサービスの利用を続けていくには、高齢者同士の人間関係が重要であるという。例えば、85歳男性（要介護2）がデイサービスの利用を始めたのだが、3か月程度で利用を止めてしまった。その男性は利用し始めても、誰とも話さずに「孤独」に過ごしていたようである。昼食も独りで食べ、レクリエーションや趣味活動にも参加せずにテレビばかりを観るなどデイサービスでの活動を楽しめずに止めてしまった。

同居している妻が家族介護者で、日中、要介護者の夫がデイサービスを利用している間は自分の時間を過ごせるはずであったが、利用を止めてしまったので夫の介護に追われることになった。その結果、老老介護（介護する側もされる側もどちらも65歳以上の介護）が続き有料老人ホームに入居することになったらしい。夫がデイサービスの利用を続けていれば、なんとか在宅介護を継続できたのではないかとのことであった。デイサービスを利用しなくなったために重度化が進み、介護施設への入居が早まったのではないか、と。

介護は生活である

充実した介護生活を過ごすためには、要介護者同士の仲間づくりが重要となる。健常者でも趣味活動や習い事などを継続するためには、仲間がいて楽しい時間を過ごせるかどうかが鍵であろう。言うまでもないが介護は「生活」の一部であり、人との接点なくして成り立たない。

しかも、たとえ要介護者といえども介護職員や生活相談員といった介護従事者には「モラル」をもって対応することで、長い目でみれば充実した介護生活が送れるはずだ。心身の機能低下が著しくなると、どうしてもフラストレーションが溜《た》まり、感情的となって介護職員へ強い口調で対応する高齢者もいる。あいさつもせずに介護職員からの声かけにも無反応な要介護者も珍しくない。

介護が必要となれば、誰かに支えてもらわなければ生活していくことはできない。しかも、その状態は長く続き先を予測することはできない。筆者は、長年現場で介護に従事し研究活動を行ってきた経験から、要介護者の「人間性」「人柄」によって介護生活が大きく変わると考えている。

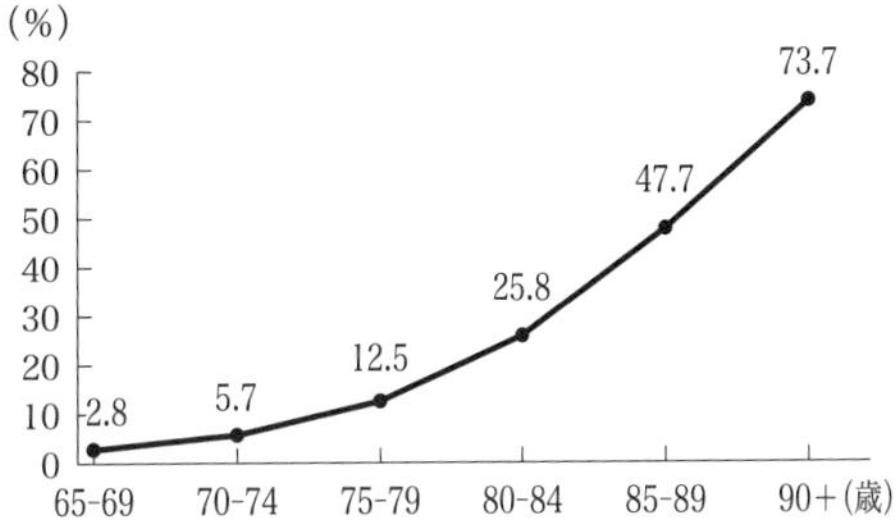

(出典)　社会保障審議会介護保険部会「参考資料1-6：介護保険制度の見直しに関する参考資料」(2023年2月27日)より

図2-2　年齢階級別の要介護認定率

介護は「死後」格差にも繋がる

厚労省「令和4年簡易生命表」によれば、平均寿命は男性81・05歳、女性87・09歳、また90歳まで生存する者の割合は男25・5%、女49・8%となっている。しかも、年齢階級別の要介護認定率は85〜89歳となると47・7%である(図2-2)。

つまり、2024年2月末時点で要介護(要支援)認定者数は707万1000人で、うち男性が225万6000人、女性が481万5000人となっている。今後、全ての団塊世代が85歳となる2035年には誰もが要介護者もしくはその家族となる可能性が高くなる。

「終活」というフレーズを聞いたことがあるに違いない。高齢者ともなれば1度は考えたことがあるだろう。「死」は、いつか誰にでも訪れるが、その「死」についても格差があるかもしれない。場合によっては「孤独死」で亡くなることもあれば、病院で天井を見ながら亡くなっていくケースもある。もしくは介護施設で最期を迎える人、在宅医療サービスを継続しながら自宅で亡くなる人、「がん」を患い終末期を迎えて亡くなる人もいるだろう。

実際、交通事故のような事故死で亡くなる人以外は、一定期間「介護」生活を経て死を迎えることになる。

第3章
医療と健康格差

1　健康寿命による格差

元気でいられる寿命

前章で「平均寿命」について触れたが、介護格差を考える場合には「健康寿命」という概念が重要となってくる。医療・介護サービスに頼らず、日常生活に支障のない寿命を意味する。そして、「平均寿命」と「健康寿命」の差が小さければ理想の老後を送ることができるだろう。逆に大きければ、医療・介護サービスを利用する期間が長くなる。

これらは男女ともに差があり(表3-1)、女性は平均寿命が長いこともあって介護生活も長くなる確率は高い。いくら「平均寿命」が延びたとしても、「健康寿命」との差が縮小されなければ、医療・介護サービスに頼りがちになってしまうのだ。

いずれにしても人間が元気で過ごせる「健康寿命」は、男女共に未だ70歳代である。再雇用などで65歳まで働くことが一般化しつつある現代社会において、引退後65歳から旅行・趣味・ボランティアといった老後を充分に楽しめる時間は、個人差があるものの長くて10年となって

表 3-1　平均寿命と健康寿命の推移

（歳）

年	男性			女性		
	平均寿命	健康寿命	差（年）	平均寿命	健康寿命	差（年）
2013	80.21	71.19	9.02	86.61	74.21	12.40
2016	80.98	72.14	8.84	87.14	74.79	12.35
2019	81.41	72.68	8.73	87.45	75.38	12.07

（出典）　内閣府『令和５年版高齢社会白書（全体版）』（2023 年７月）より作成

いる。

つまり、「人生１００年時代」と言われるが、個人差はあるものの元気に活動できる期間は案外短い。そのため、老後の人生設計を考えるなら、自分が「いつまで健康でいられるか？」と考えていくべきである。日々、「健康寿命」を延ばすために、運動や食生活に気を遣いながら個人の健康管理に邁進《まいしん》していくことは重要である。

いくら「平均寿命」が延びたとしても、何らかの疾病や障害を伴い介護サービスが必要となれば「生活の質」（ＱＯＬ）は低下する。つまり、誰かの世話にならなければ、多くの人は最期を迎えることはできない。「自分は、子どもにも、誰にも迷惑をかけずに、ピンピンコロリ（ＰＰＫ）の最期を目指したい」と思っている人がよくいる。医療技術の進歩によって、社会は人を延命させることはできるようになった。急に体調を崩し救急車で運ばれても、命だけは助かるといったケースも増えている。

自分は「要介護者とはならない」「認知症にもならない」と思って

いても、そう簡単には人生を終えることはできない。粗い表現になるかもしれないが「人はなかなか死なず、認知症や介護状態となって晩年を生きてから最期を迎える」というのが現実である。「ピンピンコロリ」(PPK)で、人生を全うできるのは、かなり「ラッキー」と考えたほうがいいだろう。

介護予防とフレイル

高齢期になると「フレイル」という、「加齢により心身が老い衰えた状態」が指摘され、その予防として、「持病のコントロール」「運動療法」「栄養療法」「感染症対策」が推奨されている。元気高齢者であっても医療機関に一定期間入院すると、ベッド生活が基本となり「フレイル」や「機能低下」は否めない。もっとも、高齢者に限らず現役世代の人でも、身体を動かす機会が減少することで心身機能の低下が目立ち、退院時には車椅子生活となってしまう人もいる。

ここで「元気高齢者」というキーワードは一般の読者の方々には耳慣れないかもしれないが、介護業界の専門職間では「俗語」として認識されている。つまり、要介護者でもなく虚弱高齢者でもない、文字通り「元気」な高齢者を意味する。

介護保険制度には「介護予防」というサービスも設けられている。コロナ禍の期間は利用する高齢者も減少しサービス自体が休止となった施設もあったが、コロナが収束するにつれ徐々に利用者も戻ってきている。

実は介護保険サービスは、本体部分である「給付」と、地域支援事業に位置付けられる「事業」との2つの部分から構成されている。「給付」は介護施設や在宅介護サービスそのもので、既述のとおり、原則、1割自己負担(一定所得者は2割もしくは3割)で利用できる介護サービスだ。

一方で、地域支援事業は本体「給付」ではなく、介護に関する多様な事業形態となっている。詳細は紙幅の関係で省くが、例えば、第1章で述べた「地域包括支援センター」も地域支援事業の枠組みで運営されている。元気高齢者及び要介護(要支援)者、家族も含めて介護・福祉・健康・医療などさまざまな側面から総合的に相談に応じてくれる。この地域包括支援センターが関わって、「介護予防事業」が展開されることが多い。

コロナ禍以前、筆者は介護予防事業の状況を把握するために、近所の公園で毎週3回、実施されている「ラジオ体操の会」を取材したことがあった。住民主体ではあるが地域包括支援センターの職員も、地域住民と一緒に連絡役となって開催されていた。日々、高齢者の相談に対応している立場から、「通いの場」を多くの人に案内する意味で、住民と一緒に連絡役を担っていたようだ。

このような住民主体による「通いの場」を活用することは、閉じこもり防止、高齢者同士の安否確認などに有用であるという。その結果、「介護予防」にも効果的となる。厚労省データによれば、2020年度において全国で約11万4000か所の「通いの場」が開催されており、そのうち体操(運動)関連の活動が半数以上を占めている。

コミュニケーション力の差

しかし、このような「介護予防」もしくは「フレイル予防」などの会に参加している高齢者は、コミュニケーション力がないと継続するのは難しいという。繰り返しになるが、前章でもデイサービスなどを例に、介護生活は人間関係づくりが重要であることを述べた。まして、元気高齢者や虚弱高齢者が「介護予防」などの「通いの場」に継続参加するには、親しい人間関係を築けるかが大きなポイントとなる。

筆者が話をきいた、連絡役である男性高齢者の時田俊彦さん(82歳、仮名)によれば、「見学がてら参加する方はいますが、知り合いがつくれないと来なくなります。単純に「体操」目的で継続することは難しく、人と人との繋がりが継続するか否かの分かれ目ですね」ということだった。

実際、筆者が取材したラジオ体操の会で、参加者は女性が多かったことが印象深かった。おおよそ7、8割ぐらいだったかと。たまたまだったのかもしれないが、時田さんは「女性のほうが仲間づくりは「上手い」ようです。先日、ある男性高齢者も見学に来ましたが、何回か参加したのですが体操が終わると参加者の会話の輪に入りづらく、そのまま帰ってしまい、けっきょく来なくなりました。もちろん、当初は男性ということもあって、私も声掛けして会話しましたが、女性高齢者との会話はなかなか続かなかったようです」とのことだった。

輪の中に入るコツ

なお、時田さんによれば、長い間、男性高齢者は社会で働いてきたので、どうしても地域コミュニティには入りづらいのではないかという。特に「介護予防の会（教室）」や軽度な要介護者のデイサービス通いには、そこに集う高齢者間との人間関係づくりが課題だという。男性高齢者は、どうしても職歴、学歴など現役時代の思いが頭の中にあって、会話のはしばしに出てしまう。

時田さんの言葉で印象深かったのが、将来の「介護生活」を見込んで地域社会で上手くやっていくには、現役時代の経験、思い出話は、できるだけ出さないようにすることだという。特に、女性高齢者との会話では、現役時代の話をすると煙たがられると感じているようだ。地域活動や介護関連のコミュニティの輪の中でやっていくためには、自分の過去の話題には極力触れないようにしていくべきだという。

2　認知症を患うか否か?

年齢を重ねれば認知症になる

統計学的には、年齢を重ねるにつれ、認知症となる確率が高くなる(表3-2)。身体の機能の低下、例えば、歩行が遅くなる、腰が曲がる、足腰が弱くなる、機敏性に欠けるといった老化現象は目に見えてわかりやすい。

しかし、認知症は脳の機能が低下するため表立ってはわかりにくい。医学的には「アルツハイマー型認知症」「レビー小体型認知症」「脳血管性認知症」「前頭側頭型認知症」といった種類に分類され、それぞれ治療法や症状が異なる。しかし、確実に言えることは個人差はあるものの、老化が進めば誰でも認知症になる確率は高くなるということだ。

徘徊の介護

介護格差を論じるにあたって「認知症」を伴うか否かで、かなり明暗が分かれる。特に、認知症介護は「徘徊《はいかい》」などが目立つと、家族介護者の負担は相当なものとなる。独居高齢者の要介護者においても、認知症の病状が重く徘徊などが目立つと施設介護の選択を余儀なくされる可能性が高くなる。

警察庁データによれば、認知症やその疑いが原因で「行方不明者」となった件数が2022年1万8709人で、毎年増加の一途をたどっており、10年で2012年9607人と比べると約2倍となっている(「平成24年、令和4年における行方不明者の状況」警察庁生活安全局人身安全・少年課)。

2016年3月1日、最高裁判所第三小法廷において JR東海が家族側への賠償請求を棄却した「認知症鉄道事故裁判」判決によって、徘徊による介護生活の現状が広く社会に周知された。この裁判は2

表 3-2　年齢階級別の認知症有病率について

(歳, %)

年　齢	割　合
65-69	1.5
70-74	3.6
75-79	10.4
80-84	22.4
85-89	44.3
90＋	64.2

(出典)　社会保障審議会介護保険部会(第97回)「地域包括ケアシステムの更なる深化・推進②(参考資料)」(2022年9月12日)より作成

007年12月に、認知症要介護者が徘徊し、JR共和駅（愛知県大府《おおぶ》市）付近において線路に立ち入って列車にはねられ亡くなった事故が発端となっている。JR東海は、亡くなった要介護者の家族側に振替輸送費等の損害賠償（約720万円）を請求する訴訟を起こした。

第一審では民法714条（責任無能力者の監督義務者等の責任）を根拠に、家族側に請求額全額（約720万円）の支払いを命じる判決が下された。そして、第二審では請求額の半額（約360万円）の支払いを命じる判決で、依然として家族側に監督義務を課することに変わりはなかった。しかし、既述の最高裁判決によって逆転勝訴となり家族側の責任は問われないこととなった。この裁判の詳細は、要介護者の長男である高井隆一著『認知症鉄道事故裁判――閉じ込めなければ、罪ですか？』（ブックマン社、2018年）で述べられているので、ご参照いただきたい。

筆者は、この裁判経過を追ったNHK番組「逆転人生　認知症の親が鉄道事故に　社会を動かした逆転裁判」（初回放送日：2020年6月1日）において、高井隆一氏と共に出演する機会を得た。楽屋でも直《じか》に話を聞いたのだが、老夫婦で介護生活を送っており、遠方に暮らす長男夫婦は、適宜、「遠距離介護」の日々だったという。そして、徘徊によって父親を亡くしたと同時に、認知症家族への損害賠償訴訟が起こり、最高裁判決まで長い闘いの日々だったというのが印象深かった。多くの介護関係者及び市民団体の方々が高井氏を支援し、逆転勝訴にまで至ったことは、現在の認知症高齢者らにとっても意義深い。

認知症高齢者の徘徊によって何らかのトラブルが生じ、家族に監督責任が問われ損害賠償を求められることは経済的問題と合わせて心身の負担ともなる。仮に、高井氏が逆転勝訴とはならず、法の杓子《しゃくし》定規な解釈によって最高裁でも第二審の判決が維持されていたら、認知症高齢者が地域で生活する「権利」そのものが危ぶまれる判例になっていたであろう。

異食行動と排泄障害

認知症介護では、食べ物ではないものを口に入れてしまう「異食行動」も大きな問題の1つとなっている。ティッシュペーパー、ボタン、ペットボトルのキャップ、植木鉢の植物など、味覚症状が麻痺《まひ》していることもあって、高齢者は「食べ物」と思い込み口にしてしまう。命にも危険な状況をもたらすため、家族や介護従事者は目が離せない。

また、記憶障害や見当識《けんとうしき》障害（時間・場所・季節などが分からない）によって、例えば失禁したりトイレではない場所で排泄行為をしてしまったりすることを「排泄《はいせつ》障害」という。筆者もかつて現場で介護に従事していた時に家族から、要介護者が頻繁にトイレ以外の場所で排便と排尿をすることがあり、その後始末などで精神的に不安になっているとの相談を受けたことがある。家族が目を離したすきに、押し入れや廊下・部屋の隅で排泄等を行う事例であった。別の事例では、要介護者がトイレに間に合わず、汚した下着を押し入れなどに隠してしまい、その異臭によって排泄障害が明らかとなった話も聞いたことがある。

これら「異食行動」や「排泄障害」のケア方法は考えられてはいるが、たとえ適切に対応していたとしても、頻度が重なりその度合が高くなれば在宅介護を続けることは困難になる。まして独居高齢者であれば、ヘルパー(訪問介護員)が訪ねる時間が限られるため状況が悪化すればするほど難しくなる。

その意味では認知症を伴うか否かで、その介護生活は一変する。例えば、認知症ではなく身体機能が低下して重度の寝たきりの要介護5の高齢者と、歩行可能ではあるが認知機能が低下した要介護2の高齢者とでは、介護生活に差があり、介護度が軽いからといって必ずしも負担が軽減されるとは限らない。むしろ後者のケースのほうが、問題が山積することもある。

3　病気と介護

要介護者となる疾患

表3-3から分かるように要介護の原因となる疾患は、「認知症」18・1%と最も高く、「脳血管疾患」(脳卒中)15・0%、「高齢による衰弱」13・3%、「骨折・転倒」13・0%の順となっている。なかでも「脳血管疾患」(脳卒中)が原因となる「介護」は急に訪れる。

かつて筆者が担当したケースに82歳の男性高齢者がいた。シルバー人材センターを通して、週3回、早朝公園清掃のアルバイトをしていた方だ。しかし、ある日突然、自宅で倒れ救急車で総合病院(一般病床)へ搬送された。そして、脳梗塞《こうそく》と診断され治療によって一命は取り留めたが、右半身麻痺と言語障害が残った。

表3-3　介護が必要となった主な原因

(%)

原　因	割　合
脳血管疾患(脳卒中)	15.0
心疾患(心臓病)	4.7
関節疾患	11.0
認知症	18.1
骨折・転倒	13.0
高齢による衰弱	13.3
その他・不明・不詳	25.0

＊小数点処理で計100% ならず
(出典)　内閣府『令和4年版高齢社会白書(全体版)』(2022年7月)より作成

その過程で筆者が支援することになったのだが、「昨日まで元気に早朝バイトに出かけて元気だったのに!」と、落胆した家族の様子を覚えている。その後、リハビリに熱心に取り組んだことで、多少、右半身麻痺の状態が改善され屋内での杖歩行は可能となった。あわせて言語障害も意志疎通ができる程度にまで改善し、在宅介護生活となった。

この男性高齢者のように、突然、「介護」が訪れることは珍しくない。骨折や転倒によって急に要介護者となることもある。80歳、90歳を過ぎて心身の衰えを感じながらも元気に生活していても、ふとしたことで介護生活に陥る。50歳代であれば状態が回復する可能性もあるが、高齢になればなるほど改善するケースは少なくなる。そして、いったん要介護状態となれば、一気に心身の機能が低下するのが一般的だ。

もっとも、要介護の原因となる疾患が「高齢による衰弱」「認知症」などの場合は、症状は徐々に現れる。そして、一定の段階にまで達しなければ本人もしくは家族も気づかないこともある。たとえ家族や周りの人が「衰え」を感じて、本人に要介護認定の申請を促しても、なかなか納得せずに徐々に悪化していくことも珍しくない。

つまり、介護を考える際には、その起因のタイミングによって対応に差があり、もちろん突然の場合を除いてではあるが、それに応じて備えておけば意外と混乱しなくて済む。

医療的ケアを伴うか否か

一言で「介護」といっても医療的ケアを伴うか否かで一変する。当然、医療的ケアを伴う介護は、本人にとってはもちろん、家族にとってもかなりの負担となる。一般的に高齢者介護における医療的ケアとは、日常的に必要な「喀痰《かくたん》吸引」「経管栄養による補給」「褥瘡《じょくそう》処置」「インスリン注射」「摘便《てきべん》」「導尿」などが挙げられる。原則、これらは医師の指示の下、看護師が行うことができる行為である。もっとも、一定の条件を満たせば研修を受けた介護職員や家族であっても、「喀痰吸引」と「経管栄養による補給」に限っては行うことができる。

これらの医療的ケアを伴う介護となれば、独居高齢者が在宅を続けるのはかなりの困難となっていく。特に、「喀痰吸引」が日常的に必要となれば難しい。家族介護者がいるケースにおいても、家族の負担は相当なものだ。

筆者が、ケアマネジャーに聞いた事例は、要介護5で「喀痰吸引」を必要とする親の介護を担う50歳代の娘が、介護に追われ、毎日、休む暇がないといったケースであった(2023年5月19日)。その娘が買い物などに出かけられるのは、ヘルパーがケアに入る週5日のうちの1日1時間、もしくは、孫の高校生がいる時間だけということであった。なお、その娘の夫は自営業者で家にいることが少なく、家族介護者としてはあてにはならないようだ。

喀痰吸引は、いつ何時必要となるかわからないので、常時、部屋の中で待機していなければならない。その意味では、夜も、充分に睡眠がとれない日があるという。毎月、5日間ほどは、介護施設で「ショートステイ」という、高齢者を短期間預かる介護サービスを利用して一息つけるようだが、コロナ禍の時は半年ほど利用できず、娘の心身は疲労で限界のようだったという。担当ケアマネジャーの話では、いずれ在宅介護は難しくなって遠くない時期に介護施設へ入居するのではないかとのことであった。

介護施設も限られる

医療的ケアを伴う要介護者となると、選択できる介護施設も限られる。確かに、筆者が現場で介護に従事していた18年前と比べると、現在は、既述のように研修を受けた介護職員であれば「喀痰吸引」と「経管栄養による補給」のケアが可能となったこともあり、これら要介護者の受け入れ可能な介護施設は以前よりは増えた。しかし、未だに介護施設の受け入れ枠が限られていることに変わりはない。

介護施設の中でも代表的な特別養護老人ホーム(特養)の生活相談員によれば、「医療的ケアを伴う要介護者においては、人数を絞って受け入れています。特に、インスリン注射などが必要な高齢者に関しては、原則、看護師しか対応できないので、受け入れ人数はかなり少ないです」とのことであった(2023年3月17日)。大半の特別養護老人ホームは、看護師が、24時間体制で勤務しているわけではなく日勤の勤務体系であるため、医療行為は昼間しか対応できない。そのため、介護職員が対応できない医療的ケアを伴う要介護者は、そこに従事している看護師の勤務体制などで入居人数が自ずと決まってしまうのだ。

もっとも、医師が常駐し看護師配置基準が厚い老人保健施設(老健)であれば、特養と比べ多少は受け入れ人数は多いかもしれないが、そうであっても限界がある。

医療的ケアを伴う要介護者が施設入所を考える場合は、2018年に創設された「介護医療院」といった、長期にわたり療養が必要で、医療並びに日常生活上の世話を行うことを目的とする施設が該当する。ただし、所得によって費用額が異なり特養や老健に比べると毎月の負担額が高いのが一般的だ。しかも、全国で764施設、4万5220療養床(2023年3月時点)しかないため、必ずしも高齢者宅の近隣にあるとは限らない。つまり、医療的ケアを伴う要介護者においては、介護施設選びもかなり限定されることになる。

「がん」を伴う介護

高齢者においても「がん」を伴って介護が必要となるケースと、通常の老化による事例とでは対応に差が生じる。「がん」を伴う場合は、終末期医療(ターミナルケア)であるため、大半は亡くなることを見込んだ介護となる。

その意味では介護期間は限定的で、先を見通すことが可能な介護生活である。しかも、「がん」の進行は速いので、短い期間で介護度が重くなっていくケースが多い。例えば、筆者が担当した「がん」を伴う要介護者は、病院から退院して終末期を在宅で看取ることを家族で決断し、自宅に戻った時点では要介護1であった。しかし、半年後には状態が要介護5へと悪化した。通常の老化に伴う要介護者であれば、要介護1から要介護5へと悪化する期間は、よほどの病気を患わない限り1年以内ということはない。そのため、「がん」を伴う要介護者の介護においては、要介護認定の区分変更申請(介護度を変更したい申請)を想定しながら対応する必要がある。

また、医療保険サービスとの併用も考えていく必要があるため、介護保険の知識だけではなく医療保険の活用も想定していくべきだ。特に、訪問看護師の利用は状態が悪化すれば頻度が高くなるため、介護保険と医療保険と併用しながら対応することになる。そのため、より頻繁にケアマネジャーや主治医(かかりつけ医)と相談しながら在宅介護生活を送ることになる。

なお、「がん」を伴う介護は家族にとって看病もしくは介護が辛いという認識も必要ではあるが、それ以上に患者が日々「がん」によって弱っていく状況から、差し迫る「死」に対する精神的な支援がより重要になる。

介護保険サービスの限度額

介護保険サービスを利用する場合、利用できるサービス量（1か月あたりの保険適用の利用限度額）が要介護度別に決まっている（表3－4）。そして、限度額の範囲内でサービスを利用した場合は、1割（一定以上所得者の場合は2割または3割）の自己負担が生じる。つまり、これらの限度額を超えてサービスを利用した場合、超過分のサービスは全額自己負担となる。

しかし、平均的な介護サービス利用は利用限度額まで至っていないのが現状だ。介護度が重くなるにつれ、利用限度額に占める利用割合は高くなるが、要介護5であっても平均65・3％となっている（表3－5）。

表3-4　介護保険サービスの1か月あたりの利用限度額　（円）

要支援1	5万320
〃　2	10万5310
要介護1	16万7650
〃　2	19万7050
〃　3	27万480
〃　4	30万9380
〃　5	36万2170

（出典）　厚労省HPより作成

要介護認定の申請に際しては、本人もしくは家族が思っていた介護度よりも結果が軽く出てしまい、区分変更申請手続きを行うことがよくある。確かに、想定より軽い結果となれば介護保険サービスを利用できる量が少なくなるので、変更申請を行うことは当然だろう。しかし、再申請したからといって、必ずしも希望通り介護度が重くなるとは限らない。平均値とはいえ利用限度額に占める利用割合が意外と少ないことは認識しておくべ

表 3-5　介護保険サービスの1か月あたりの利用限度額

介護度	利用限度額に占める割合	利用者に占める利用限度額を超えている者の割合
要支援 1	37.8%	0.4%
〃　2	31.9	0.2
要介護 1	44.6	1.7
〃　2	53.0	3.6
〃　3	57.9	3.0
〃　4	61.6	4.0
〃　5	65.3	5.0

（出典）　社会保障審議会介護給付費分科会（第145回）「区分支給限度基準額（参考資料）」（2017年8月23日）より作成

きだろう。

要介護4・5で、利用限度額を超えている4、5%のケースにおいては（表3-5）、医療的ケアを伴う要介護者が多い。訪問看護サービスなどは、他の介護保険サービスよりも報酬単価が高いために、頻繁に利用していると限度額を超えてしまうケースがみられる。もちろん、医療的ケアを伴わない介護でも超過事例がないわけではないが、その傾向がより強くなる。なお、医療的ケアを伴う介護は、医療保険サービスもかなり利用することになるため経済的負担は、いっそう重くなる傾向だ。

要介護認定申請と主治医

要介護認定を申請する際、主治医の意見書が求められる。この意見書が的確に書かれていないと、認定結果が想定していた介護度よりも軽くなる可能性がある。つまり、普段から主治医

（かかりつけ医）とつきあって通院する医療機関が定まっているか否かによっても、介護生活は大きく変わる。また、要介護認定の結果がでるまでに要する期間にも影響が生じ得る。厚労省資料によれば、要介護認定の申請から結果が出るまでに要する日数は平均40・2日（2022年下半期）となっている（第4章参照）。時間がかかる要因としては認定調査員の人手不足が大きい。それでも、主治医の意見書の提出がスムーズに行けば、幾ばくかは短縮できる可能性がある。

そのため、普段から風邪をひいたら特定の診療所等へ行き、決まった医師とも気軽に話ができる関係を築いておくべきだ。いざ介護が必要となり要介護認定を申請する際には、その主治医が既往歴や詳しい病状及び日常生活まで書いてくれるだろう。

しかし、総合病院など、1、2回程度しか受診したことがない医療機関の医師を主治医にしてしまうと、医師自身にも患者の記憶が全くなく単なるカルテ（診療記録）情報のみで意見書を書くこととになりがちになる。そうなると患者の詳細情報を市町村（要介護認定を下す機関。第4章参照）へ提供しにくくなり、認定の結果にも大きく影響を及ぼすことになる。

なお、普段から主治医が定まっていれば、入院が必要な重い病状となっても総合病院への紹介状を書いてもらえて事がスムーズに進む。総合病院（一般病床400床以上の特定機能病院、同じく200床以上の地域医療支援病院など）の初診の際、紹介状がなければ保険外負担が強いられ

7700円(2022年10月時点)を支払うのが現行の診療報酬(医療の値段)の仕組みとなっている。

つまり、あらかじめ主治医に恵まれているか否かでも明暗が分かれることになる。

医療と介護の連携の必要性

「介護」は基本的に「生活」を支援することであり、「医療」は治療もしくは療養といった「疾病」に対するケアである。高齢者を支援するサービスには変わりがないが、対象が「生活」か「疾病」かによって専門職の役割や理念に違いが生じる。

前述のように介護職員は医療行為を行うことはできず、食事介助、排泄介助、入浴介助などの身体介護と、身の回りの世話など生活援助をする専門職である(第4章参照)。一方、医師は治療する専門職であり、看護職は傷病者らの療養上の世話をしたり、医師の指示の下、注射、点滴、処置などといった医療行為を行う専門職である。理学療法士(PT)、作業療法士(OT)はリハビリなどの機能訓練に専念する。生活全般を支える介護職が要介護者と接する時間は長くなりがちな一方、医療系専門職が高齢者と接する時間は短い。

介護職は医療的専門知識は充分に備えていないが、個々の高齢者の生活実態には明るい。他方で、医療系職種は医学的専門知識は明るいが、日々の生活実態には充分に把握しづらい。ゆえに、介護職と医療職が連携を強化することで要介護者のケアが向上していく。これは施設介護においても在宅介護においても重要なことである。

例えば、在宅の要介護者の病状が悪化して医療機関へ入院したとしよう。このようなケースでは、担当ケアマネジャーが入院先の医療機関へ日ごろの在宅生活の情報を提供することで、治療がより効果的となる。そのため、介護報酬上の仕組みでは、ケアマネジャーによる情報提供を促進するために、「入院時情報連携加算」の要件が強化されている。具体的にはケアマネジャーが入院当日中、または入院後3日以内に情報提供をした場合には、ケアマネジャー側に報酬が支払われることとなっている。医療機関も早い段階で情報を得たほうが、連携はより効果的ということだろう。

4　在宅介護における入院とリハビリ

一般病床の現状

現在、何らかの疾病を患い総合病院(一般病床)へ入院したとしても、短期間で退院もしくは

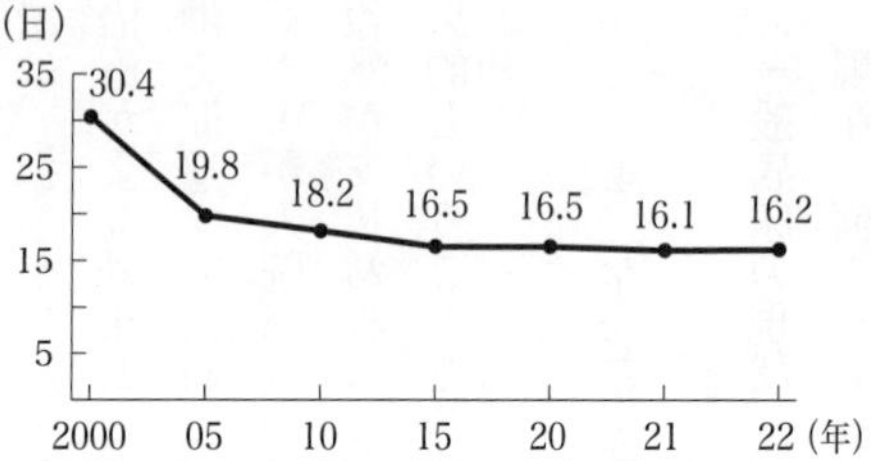

（出典）　厚労省「医療施設（静態・動態）調査・病院報告」各年版より作成

図3-1　一般病床における平均在院日数の推移

転院を促される。「自宅で介護する家族がいない」「配偶者が高齢で老老介護になってしまうので、もう少し入院させてほしい」と入院先の病院に頼んでも拒まれるのが一般的だ。若い患者でも高齢者であっても、原則、総合病院で中長期の入院は不可能である。厚労省データにおいて、一般病床の平均在院日数の推移をみると約20年間で約半数にまで縮小していることがわかる（図3-1）。

度重なる診療報酬改定によって、平均在院日数は短くなっている。確かに、介護施設も増え在宅介護サービスも充実してきた経緯から、医療的ケアを伴う患者（高齢者）が、必ずしも病院でなくとも介護施設や自宅で療養・介護できる環境が整備されてきたことが要因である。しかし、平均在院日数の短縮化による在宅介護へのシフトが強すぎて、介護・医療の供給資源が追いつかない現状も無視できない。

退院後の行き先

厚労省データによれば、入院前の居場所と、退院後の行き先別にみた推計退院患者数の構成割合において、「家庭」からの入院のうち約9割は「家庭に戻る」となっている。ただし、この件数には現役世代も含まれている。

いっぽう全ての高齢者が患者となっている老人福祉施設（特養とは老人福祉法（1963年施行）上の名称。介護老人福祉施設は介護保険法（2000年施行）上の名称で、同じもの）から入院して退院するケースでは、元の特養に戻るのは約6割だ。老健においては約5割、介護医療院においては約4割となっている。

これらの介護施設の患者（高齢者）の退院先としては、「その他」の割合も高くなっている（厚労省「令和2年（2020）患者調査の概況」）。多様な場が想定されるが、例えば「サービス付き高齢者住宅」「グループホーム」（認知症対応型共同生活介護）などが挙げられる。

つまり、高齢者が病気となり入院すれば、必ずしも入院前の場所へ戻れるとは限らない。当然かもしれないが、高齢者が入院し治療を終え退院したとしても、疾病前と心身の状態が同じとは限らないからだ。

在宅での「リハビリ」の現状

退院した要介護者が、少しでも状態を維持・改善するには「リハビリテーション」(リハビリ)が重要である。通常、医学的にリハビリは3段階に分かれ、第1段階を「急性期リハビリ」、第2段階を「回復期リハビリ」、第3段階を「維持期リハビリ」と称している。既述のような総合病院等で治療後すぐに行うのが「急性期リハビリ」で、期間は1か月以内である。この時期は、ベッドを離れることができるように、主に起き上がりや立ち上がりなど手・足・腰の基本動作の回復が目指される。しかし、患者の状態にもよるが総合病院(一般病床)では短期間に退院・転院が迫られるため、歩行訓練まで機能が回復する人もいれば、寝たきりのまま次の行き場を探さなければならない人もいる。

そのため、総合病院と関係がある回復期リハビリテーション病院や老健などが転院先として紹介されがちだ。「回復期リハビリ」(期間3~6か月程度)は、身体機能の基本動作が回復し生活動作の回復にまでつなげていくことが目指される。ただし、「老健」に転院すると、「維持期リハビリ」の段階まで継続してケアが提供されることもある。

そして、「維持期リハビリ」(3~6か月程度)は、一定程度回復した機能を低下させないように支援していくことが目的だ。ただし、いずれも個人の状態にもよるのでその明確な切り分けは難しい。

当然ではあるが、在宅介護における「リハビリ」では、「回復期リハビリ」もないわけではないが「維持期リハビリ」が多くなる。これらのサービス利用は要介護2以下の軽度者が中心となっており、4・5の重度の要介護者は約1割程度に留まる（図3-2）。しかも、要介護3を含めても2割強にしか過ぎない。在宅介護における「リハビリ」の対象者の多くは、軽度者であるといっても過言ではない。

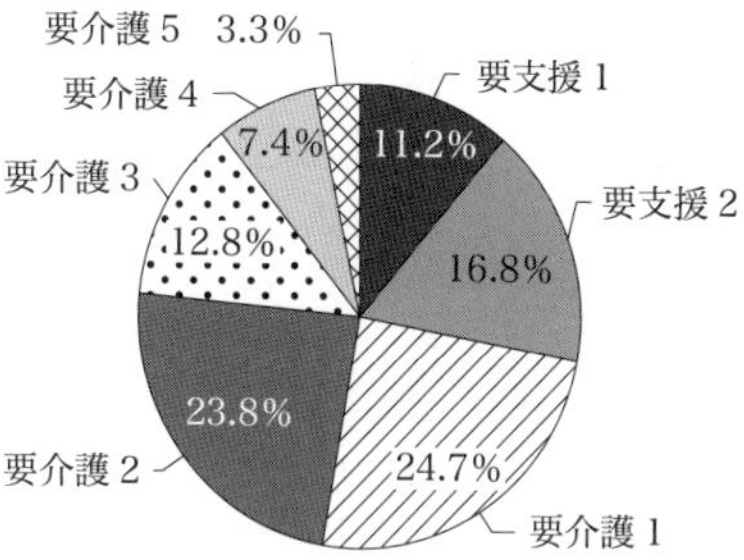

（出典）　社会保障審議会介護給付費分科会（第188回）「通所リハビリテーションの報酬・基準について（検討の方向性）」（2020年10月15日）より作成

図3-2　通所リハビリテーションの要介護度別受給者割合（2019年）

ただ、段階に限らず「リハビリ」を継続できるかどうかは、本人の意識づけが分かれ目となる。具体的には「生活」をイメージさせていくことがポイントであると言われる。例えば、寝たきりもしくは車椅子状態の患者に対しては、まずは自分で洗面できるようにといった目標を立てる。そのためにはベッドから自力で起き上がり、杖歩行で10メートルは歩行可能にならなければならない。

5　感染症にもろい介護現場

コロナ禍における経験

約3年間続いた新型コロナ問題は、介護現場を混乱に陥れ、多くの要介護者が亡くなった。介護職員の負担はピークに達し、一部、介護崩壊にまで至ったことは記憶に新しい。改めて感染症のパンデミックは、介護現場を崩壊に向かわせることを認識させられた。

特に、筆者にとって印象深かったことは、医療と比べ介護現場の社会的注目度が低く、政府や自治体による施策が鈍かったことである。例えば、当初、在宅介護におけるヘルパーのワクチン接種が出遅れてしまった。陽性者である要介護者をケアすることが条件とされ、ヘルパーのワクチン接種が後回しとなった施策は典型的な事象であった。

今、新型コロナ問題は一定程度収束したが、感染症の問題は今後も深刻化する可能性が考えられるため、新型コロナ問題を過去の出来事にはせず課題や問題点を充分に継承していく必要があろう。

ワクチン接種手続きや会場へのアクセス

元気高齢者や軽度要介護者の中には、自分もしくは家族に手続きをしてもらい、介助されてワクチン接種会場や指定診療所(医療機関)へ出向くことができたならば、結果的に事なきを得た人もいたに違いない。

しかし、独り暮らしや老夫婦世帯などの認知症や重度要介護者の中には、同行してくれる家族もおらず自らワクチン接種会場等へ出かけることが困難なケースも珍しくなかった。そもそも、ワクチン接種の手続きすら、自らパソコンを使うことができず戸惑う高齢者も多くいた。そのため、在宅介護のケアマネジャーやヘルパーらは、その対応に追われた。インターネットによる社会システムが当然視されている日本社会では、介護現場でのワクチン接種手続きは課題が多かった。

医療・介護連携にも課題

筆者は、在宅介護従事者を対象に新型コロナ問題における意識調査を実施した。インターネットを活用して2020年5月4日(月)~5月17日(日)を調査期間とし、503人の介護従事者から回答を得ることができた(結城康博「在宅介護現場における介護従事者の意識調査報告」20

20年5月21日）。

その結果、「医療・介護連携」の問題が顕在化した。従来の「医療・介護連携」のネットワークは「感染症」対応には応用が効かないことが明らかになったのだ。既述のように従来ヘルパーをはじめ介護系職種の医学知識には限界があり、コロナ禍においてそれらを急速に補填《ほてん》することが一部では難しかったのである。本調査で、新型コロナ問題における医療機関との連携について聞いたところ、26・0％が「できていない」との回答であった（図3-3）。

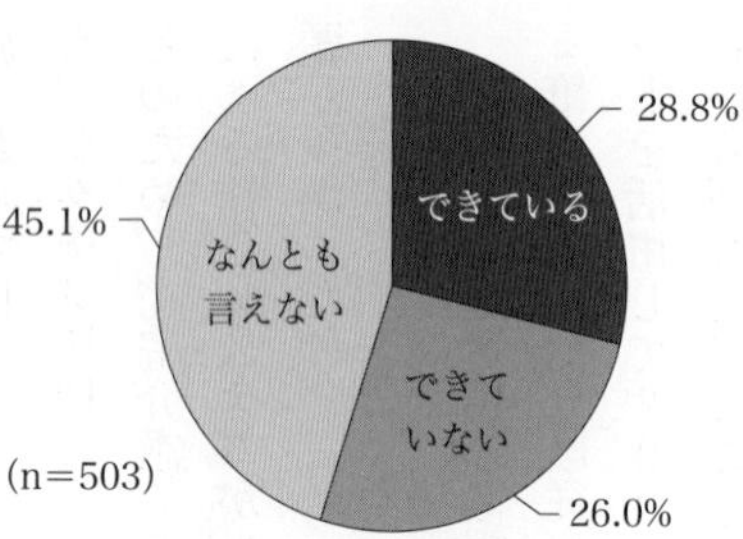

＊小数点処理で計100％ならず
（出典）　結城康博「在宅介護現場における介護従事者の意識調査報告」（2020年5月21日）より

図3-3　新型コロナ問題で医療機関（関係者）との連携はできていますか

自由意見では、「医療機関から介護従事者の面会も制限され、相談連絡などの回答が得られない」「今後もこのような感染症や災害などが、いつ起こるかわからない。今回の事を無駄にせず、日頃より対策についての勉強会をまとめて行うべきだ」「病院の受け入れが出来ない事で支援困難な状況に陥り、高齢者本人・家族が行き詰まる現状だ」「医療現場ばかりが緊急事態の雰囲気であるが、介護現場への支援対策が後回しになると、今後の高齢者の居場所がなくなる」などといった声があがった。

サービス利用控えと機能低下

先の調査結果によれば、感染を恐れ介護サービスの利用控えをした要介護者が「いる」と回答した介護従事者は約8割にのぼった。そして、要介護者の心身の機能低下が「かなり多い」「多い」「多少いる」を合わせると、約6割の介護従事者が深刻な影響を認識していた(図3-4)。

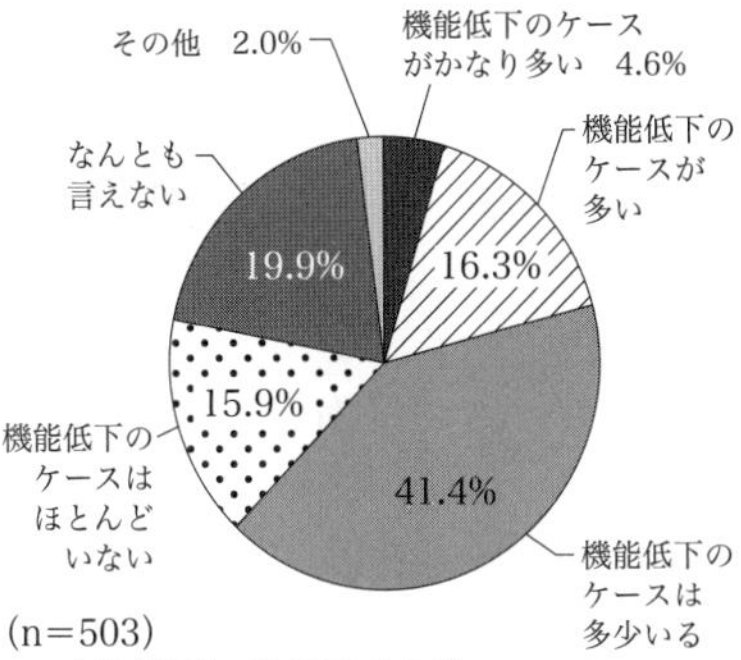

＊小数点処理で計100%ならず
(出典) 結城康博「在宅介護現場における介護従事者の意識調査報告」(2020年5月21日)より

図3-4 利用控えなどにより，自分の関わっている要介護(要支援)者の心身(認知を含む)の機能低下について

自由意見では「特に、独居で認知症の高齢者は生活パターンが変わったことで、心身ともに機能低下傾向になった。そのため、何かしら、声かけ・見守りを増やすなどの対応をした」「デイサービスを1ヵ月間休んでいる高齢者が多く、筋力低下となっているケースが多い」「認知症の高齢者が外に出られないことで、今までにない暴言が生じ家族が疲弊している」などの声が寄せられた。

衛生用品不足による混乱

介護現場では未知の感染症が蔓延《まんえん》すると、衛生用品(マスクやアルコール消毒薬)が足りなくなる。例えば、ヘルパーらは「無防備」で介護(ケア)をしなければならず大きな課題となった。

自由意見では「衛生用品の不足もあり、感染予防を徹底しながら営業しようにも営業できない状態になった」「不織布マスク、防護服、ゴーグル、手袋、キャップなどの資材の備蓄はほとんどなかった」「介護職員は感染予防の専門知識が乏しいので、感染拡大を阻止できるのかが不安であった」といった声が寄せられた。

コロナ禍の当初、ある小規模事業所でのヘルパーは、介護施設と違って問屋で衛生用品を仕入れることができなかったため、ドラッグストアで、一般消費者と一緒に列に並んで購入したというエピソードを、筆者は聞いた。

介護施設のクラスター

2022年8月17日、厚労省は全国の高齢者施設で発生した新型コロナウイルスのクラスター数が、直近1週間で736件と過去最多になったと公表した(官庁通信社『joint介護ニュース』

２０２２年８月17日付）。これは第６波ピーク時の５０９件をはるかに上回る数値だった。第７波到来により、介護現場はより深刻な状況となった。

当時、筆者が介護関係者へのインタビューで聞いたのは、「ショートステイの利用ができなくなった」「利用者家族が陽性となり、一時ヘルパー派遣を中止した」「ヘルパーの同居家族が陽性となり出勤できず、代替職員がみつからずサービスの提供ができなくなった」といった内容であった。

感染者が介護サービスを利用すると、その介護スタッフにも感染リスクが生じてしまうため、供給側の一部は、どうしてもサービス提供を躊躇してしまう。まして、介護施設でクラスター発生ともなれば、「ショートステイ」の利用もできなくなってしまう。

医療機関に入院できない

当然、在宅介護であれ介護施設であれ、要介護者がコロナに感染すれば医療機関に入院する対応がベストであった。しかし、たとえ一般病床に空床があったとしても、医療機関は要介護者の受け入れには消極的であった。一般患者と異なり要介護者の中には、認知症などの徘徊ケースがある。寝たきり高齢者の排泄・食事介助などで療養負担が増すなど、要介護者を受け入れてしまうと医療現場の負担が深刻化するからというのが理由であった。

ただし、少ない事例ではあったが、神奈川県では2022年8月24日から「県立さがみ緑風園」(相模原市南区麻溝台2-4-18)にて、感染して自宅や施設での療養が難しい、65歳以上の要介護者を、一時的に受け入れる短期入所施設を最大30床新設した対応策も見受けられた(神奈川県記者発表「高齢者コロナ短期入所施設の設置について」2022年8月22日)。

面会規制下における成人式

コロナ禍の2022年1月9日(日)成人の日の前日、筆者はある介護施設を玄関前までではあったが取材した。この時期、コロナ感染者が急に増えたこともあり、全国で成人式の開催は条件付きとなった。

当然、面会規制があり、筆者も玄関前でしか介護関係者に話を聞くことはできなかった。親族の面会も制限されていた。一時2021年10~12月は面会制限が緩和されたものの、再び、一挙に厳しくなった。その介護施設では、窓ガラス越しに1人15分以内での面会が可能であり、会話には音声機器が活用されていた。成人の日前日であったため、晴れ着姿の孫との面会の様子が印象的であった(写真参照)。

本来であれば、孫の晴れ着姿に、高齢者は対面で「祝いの言葉」を述べたかったのではないかと察するが、コロナ禍の影響は面会形態にも影響を及ぼしているのだと実感した。もっとも、このように「窓ガラス越し面会」が可能な介護施設であればまだしも、全く面会不許可の介護施設も珍しくなかった。

この状況は「在宅」で暮らす高齢者にも、一部、あてはまっていた。祖父母の健康を気遣って同じ市内に住んでいるにもかかわらず、孫が直に訪ねることを差し控えるケースを多く耳にした。

晴れ着姿での窓ガラス越しの介護施設面会(筆者撮影)

コロナ禍の教訓

介護施設、もしくは在宅介護現場で、新規感染者もしくは疑いのある者が1人でも生じれば、早急に介護職員及び関係者のPCR検査を行政措置として行うべきである。早い段階での新規感染者の発見が、その後の感染拡大を防ぐことになるからである。

また、介護施設(通所介護を含む)で高齢者の新規感染者が生じれば、直ぐに受け入れ医療機関を確保することが重要である。受け入れを拒む医療機関が多くなると、そのまま新規感染者を介護施設等で療養させることになり、クラスターの危険性が生じてしまう。

ただし、介護サービスの「利用控え」による問題を、高齢者や家族に意識づけしていく必要がある。安心して介護サービスを利用できる態勢を構築し、感染時といえども日常的な介護サービスの利用を継続する意義を周知させていく必要がある。

第4章

介護人材不足と地域間格差

1　介護人材不足による深刻さ

介護事業所閉鎖による影響

東京商工リサーチ調査報告によれば、2023年に倒産と休廃業・解散した「老人福祉・介護事業」は510件(前年比3.0%増)であった。調査を開始した2010年以来、過去最多を更新した(「介護事業者の倒産は過去2番目、休廃業・解散は過去最多の510件　人手不足、物価高で「訪問介護」の倒産は最多更新」2024年1月17日)。

介護関係者に話を聞いたのだが、訪問介護事業所が閉鎖してしまい代替事業所が見つからず、やむなく訪問介護サービスを週4日から週2日に減らすことで対応しているというケースを耳にした(2023年8月23日)。

独り暮らし高齢者の佐藤君江さん(要介護2、88歳、仮名)は、訪問介護サービスが週2日しか利用できなくなったことで、掃除や洗濯、買い物、身の回りの生活が不安定になっているようだという。杖歩行は可能だが、外出は転倒を気にして自分では控えている。腰痛のため屈《かが》むことができず、掃除機などもかけづらい状態である。時々、宅配系の買い物サービスを利用しているが、かなりの費用負担となっているという。

また、自宅でシャワー浴をするには転倒の危険があるため、ヘルパーが介助していたのだが、2日間しかヘルパーが派遣されなくなったことでサービス内容が制限されることになった。それまでは、デイサービス週2回、訪問介護週4日で介護生活を送っていたが、デイサービスを1回増やすことでシャワー浴等の代替をしている。

佐藤さんは心身の体力面での不安や費用負担増もあり、もともと週3回のデイサービス利用は望んでいなかったのだが、ヘルパーが週2日しか来なくなったため、食事やシャワー浴のことを考えて増やしたという。しかし、1回増やしたとしても、掃除、洗濯、買い物などの支援は減ってしまい不自由な介護生活となった。

小規模デイサービスが閉鎖

また、某ヘルパーから鈴木浩二さん（要介護4、90歳、仮名）、明子さん（要介護2、87歳、仮名）の老夫婦のケースの話を聞くこともできた（2023年9月1日）。夫妻は、各自介護保険サービスを利用しており、ヘルパー週3日及びデイサービス週4回利用していたという。夫の浩二さんは、車椅子での外出は可能であったが、多少、認知症も患っていたそうだ。いっぽう妻の明子さんは、杖歩行だが外出は可能であった。

夫婦で自宅から徒歩5分程度の小規模デイサービスに週4回通い、昼食、入浴などの介護サービスを利用していた。近所であったため、毎回、デイサービス職員が車椅子を押して送迎してくれていたという。残りの週3日はヘルパー支援で在宅介護生活を送っていた。

しかし、通所していたデイサービスの介護職員が辞めてしまい、しばらく人材派遣会社による介護職員で補塡していたが、経営的にも厳しくなり閉鎖することになったようだ。日々、公募しても介護職員を補充することができず、人材派遣会社へ支払う手数料を考えると赤字続きとなってしまったのが要因であった。

夫婦で週4回、馴染みのデイサービスを利用して介護生活を成り立たせていたのが、2人にとって非常に厳しい状況となった。担当ケアマネジャーが、夫婦で利用できる別のデイサービスを探すことで事なきをえたのだが、仲の良かった他のサービス利用者である高齢者らとは別れることとなった。また、徒歩圏内のエリアでは見つけることができず、送迎車で片道15分程度かかるデイサービスを利用することとなった。

訪問入浴介護サービスも使えない

NHKが北陸3県で生放送している「ホクロック！」という番組がある。筆者は、2023年2月5日に「私たちの介護　人手が足りない」というテーマで解説者として出演した。内容は介護人材不足により訪問入浴介護サービス事業所が撤退し、利用できなくなった要介護者の状況を番組で取り上げたものである。「訪問入浴介護サービス」とは、高齢者宅へ介護職員と看護職員が浴槽などを持参して入浴介護を行うサービスだ。寝たきりなど自宅浴槽での入浴が難しい要介護者にお風呂に入っていただき、利用者の健康維持及び家族介護者の負担軽減に有益なサービスである。

その地域では、介護事業所が介護サービスを維持・継続することが難しくなっていると報じていた。

毎月、介護保険料を支払っているのだから、いざ介護が必要となればサービスを利用できるのかと思えば、必ずしもそうではなくなっている。あくまでも介護事業所が存在して「契約」に至らなければ、介護サービスを利用することはできない。今後、このような介護事業所の倒産、閉鎖、廃業が増えていくと、ますます介護サービスを利用できない要介護者が増えていくであろう。

しかし、都市部であっても、訪問入浴介護サービスにおいては、やはり介護人材不足があって厳しい経営状況が続き、一部、事業所を撤退する動きもあるという。

先日、訪問入浴介護事業所の介護職員に話を聞いた(2023年9月26日)。各家庭に訪問する際に入浴機器一式を持参してサービスを提供するのだが、介護職員らスタッフが浴槽や機器などを持ち運ぶものの、エレベーターのない団地などを訪問することも珍しくなく介護以外の肉体労働のきつさが課題だという。

サービス依頼を断る要因

介護事業所がサービス依頼を断る最大の要因は介護人材不足であることは、データからも明らかである。厚労省資料によれば、訪問介護事業所においてケアマネジャーからの依頼を断る要因として人手不足が9割となっている(表4-1)。

また、調査報告によれば、ケアマネジャーから紹介のあった方へのサービス提供を「断ったことのある」訪問介護事業所割合は、431事業所のうち単一回答で58・7%にのぼっている(浜銀総合研究所「訪問介護事業のサービス提供体制の見直しに関する調査研究事業調査結果報告書」2022年)。

在宅系介護サービスに限らず特別養護老人ホームなどでも、介護人材不足が深刻なため利用できる定員を制限している施設は珍しくない。人口約2万5000人の地方にある特別養護老人ホームを訪ねたのだが、定員100名であるものの職員を採用することができず、入居を80人にまで控えていた（2022年10月14日）。

表4-1　訪問介護事業においてケアマネ依頼を断った理由（複数回答）

（%，n=253）

人員不足により対応が難しかったため	90.9
訪問先までの移動時間が長く，対応が難しかったため	27.3
早朝や夜間など特定の時間帯のサービス提供が求められたため	26.5
過度のクレームやハラスメント等がある利用者のため，対応が困難と判断したため	6.7
看取りや認知症，難病等により自事業所では技術的に対応が難しかったため	4.0

（出典）　社会保障審議会介護給付費分科会（第220回）「資料1：訪問介護」（2023年7月24日）より作成

地方であるため、人が集まらないことから人材派遣会社による代替介護職員も活用することができない。入所したいという待機者リストは多いが、20人分のベッドが空床扱いのままとなっていた。法令で介護施設は利用者3人に対して介護職員ら最低限1人以上を配置することとなっているため、基準人員を満たさないと行政から指導対象となる。取材に応じてくれた施設長は、コロナ禍もあって入所したいというニーズは多くなっているが残念であると述べていた。また、定員確保に満たなければ経営的にも赤字となってしまうため、たいへん悩ましいということであった。

このような介護人材不足により定員をフル活用できない介護施設は、地方に限らず東京などの大都市部でも珍しいことではない。大都市部といえども介護人材不足は深刻で、決して地方の過疎地域に限ったことではない。大都市部では他産業の求人も多くあるためだ。いわば介護業界が人材獲得競争において劣勢に立たされている。地方及び大都市部において、介護人材不足は慢性的な問題である。

2 地方の介護現場

徳島県三好市を訪ねる

筆者は2022年12月18日、徳島県三好市の介護事業所関係者らと意見交換する機会を得た。県内最西端に位置する三好市は、市資料によれば人口約2万3000人(2023年7月)。30代の介護職員が事業所に入職することは珍しく、深刻な介護人材不足が生じており介護業界全体で後継者育成が最大の課題となっているという。「このままでは、例えば、ヘルパーには75歳過ぎまで頑張ってもらわないと、今の要介護者のサービス分ですら継続・維持できない」とのことであった。

特に、中山間地域では車で片道40〜60分ぐらいかかるケースの自宅が多いため、いつまでサービスを提供・維持できるかわからないという。ここ数年ヘルパーが減っており、ケアマネジャーがケアプランを作成する際に受託してくれる訪問介護事業所を探せずに苦労しているというのだ。全国的に訪問介護業界は、正社員よりも非正規職員の割合が高く、サービスに入るか否かは非正規ヘルパーの意志次第であるという。正社員であれば組織的に事業所の指示で派遣できるようだが、非正規職員は利用者を選択できる立場にある。

そのため、三好市も介護保険収入(介護報酬)のみでは経営を維持できないと認識して、市の独自財源で介護事業所へ報酬を上乗せしており、ヘルパーの賃金も引き上げられ好待遇となっている。しかし、それでもヘルパーの高齢化もあって車で移動できる人員が減少傾向にあるため、中山間地域への派遣は難しくなっているようだ。数年後、三好市ではヘルパーが枯渇するだろうというのだ。冬は雪も降るのでヘルパーが車の運転を怖がるため中山間地域の在宅介護は風前の灯《ともしび》だと……。

このような中山間地域といった過疎地域は、当然全国的にも多く、高齢者が要介護者となれば、在宅介護生活はサービス供給面から難しくなる。そのため、介護施設などへ移る選択にならざるをえない。

しかし、たとえ要介護者となっても、何とか不自由しながらも住み慣れた地域に住み続けていたいという高齢者は珍しくない。ヘルパーが週1回しか派遣されず、その間、部屋が散らかろうと食生活が乱れたとしても、独り、中山間地域で暮らす要介護者は少なくない。

離島では

筆者は、数年後、現在の「離島」のような介護現場が全国各地に拡がるに違いないと考えている。そのため、「離島」の現状を把握するため八丈島を訪ねた（2023年2月11日）。島の人口約6800人、かつては観光業が栄え多くの人が本土から訪れていた。しかし、海外旅行が主流になるにつれそれも厳しくなり、かろうじてダイビングやサーフィンを楽しむ人はいるものの活気は薄れている。経費がかかるため解体できずに廃墟《はいきょ》となっていた、元大手ホテルの建物が印象的であった。

介護関係者の田中誠二さん（仮名）に話を聞くことができた。田中さんは元々島の出身者ではなく、今でいう「Iターン」のような島民で、バブル期前後から家族全員で移住して、福祉の仕事に従事しながら長く島で暮らしている。

島全体では、独居高齢者や老夫婦世帯が多く、若者は高卒後（一部、中学卒業後に本土の高校へ行くケースもある）、東京で暮らしている人が多いようだ。一方で、1度は、都会に出て「Uターン」のように実家に帰る者もいるという。肌感覚だが、高校生10人が卒業して、島に戻るのは2、3人程度ではないか、と。そのため、年々、人口が減っているという。

八丈島の地域包括支援センター、特別養護老人ホーム、訪問介護事業所を訪ねてみた。島唯一の特別養護老人ホームでは、かなりの待機者がいるとのことであった。要介護度が高くなると、どうしても施設志向の高齢者が多くなる。しかし、入居できるまで時間がかかるため、島内のサービス付き高齢者住宅（サ高住）を利用して、待機している高齢者も少なくないという。

町立病院と開業医（在宅医療クリニック）の2つの医療機関が存在していた。しかし、医師も高齢化しており後継者問題が深刻とのことであった。もっとも、人口に対して医師数は、都会水準よりも恵まれている。現在、自治医科大学から医師が派遣されてはいるものの、この先医師が不足するのは間違いないとのことであった。

島で働くケアマネジャー及びヘルパーに話を聞くことができた。それによると、ヘルパーの不足はかなり深刻で、しかもヘルパーの大半が60歳以上で、5年後には間違いなく、ほとんどいなくなるとの認識であった。また、島の在宅介護現場で稼働しているケアマネジャーは10人程度で、そのほとんどが60歳以上で、担当のケースは独居や身寄りがいない高齢者が大半とのことであった。

つまり、在宅介護の専門職が退職するとサービス提供者がいなくなり、たとえ介護保険制度が存在しても介護サービスは利用できない事態となってしまう。かといって島全体でも他産業の人手不足も深刻なため、介護の後継者が見つからず袋小路に入りつつあると。

もっとも、八丈島よりも小さな離島では、もはや介護サービスは存在せず介護保険料だけが徴収されている事象もあるようだ。これらの島民は「いたしかたない」と諦めているという。ただ、島を離れ本土の介護施設やサ高住などに入所や入居する高齢者は、かろうじて介護保険制度の恩恵を受けている。

娘や息子が本土に住んでいるため、軽度の要介護度のときからサ高住等に入居する高齢者もいるが、重度の要介護者となっても住み慣れた地域で不自由ながらも住み続ける人もいる。そうして、寝たきりとなったら、最後に介護施設等に入所するという高齢者も珍しくない。

もっとも、高齢者同士の互助組織は盤石であり、これらの体制は本土と比べても心強いと島民の多くは自負しているようだ。たとえ要介護1や2といった高齢者同士でも、助け合い、できる範囲で見守り活動などがなされている。しかし、自治会役員の大半は75歳以上であり互助組織の高齢化は深刻となっている。はたして自治会組織などが、あと何年ぐらい維持されるのかと、危ぶむ島民の声も聞いた。

島内の介護関係者は、どのようにして人材を確保・定着させていくかで、非常に危機感を抱いているという。ただし、島で人気のある雇用先は公務員であり、希望者が多いそうだ。島外者で役場を受験して入職する人も少なくない。

今回の視察を通して、ヘルパーなど介護人材が減少していくなかでは、公務員ヘルパーを積極的に構築していくべきではないかと感じた。人口減少地域の離島において、公務員志向型の施策を介護分野に応用していくべきと。同時に「福祉=人口減少対策」といった効果も期待できるのではないだろうか。公務員応募が増えれば、島に戻ってくる人(出身者)も増えていくに違いない。

3　住む市町村で異なる

市町村による解釈の違い

介護保険サービスは介護人材不足の動向によって地域ごとに大きな差が生じるものの、一定人口を有する地域間でも格差が生じかねない。1つには介護保険サービスにおける市町村(保険者）の法令解釈の違いによるものである。原則、一部の地域を除いて介護保険制度の運営主体は市町村で、国の全国画一的な制度の下、細かいルールごとに解釈が異なる。

例えば、訪問介護サービスは、大きく「身体介護」と「生活援助」と2種類に区分されている。「身体介護」は、排泄介助、食事介助、入浴介助など直に身体に接する介助である。一方、「生活援助」は、買い物、掃除、洗濯といった身の回りの支援である。

しかし、厚労省（国）からは「生活援助」に関しては、独り暮らし要介護者に関してはサービス利用について制約がないものの、健康な同居家族がいれば条件つきで利用できるとされている。例えば、仕事などで忙しい同居家族に限り、日中「独居」と同じ程度でないと利用は認めないというのである。掃除、洗濯、買い物は、通常、健常な同居家族が担うことで問題なく、あえて公的な介護保険制度は不要、というのが国の解釈である。

このような通知が出されると、ケアマネジャーや訪問介護事業所は、安易に介護サービスを提供してしまうと、実地指導（市町村の指導・監査）などで指摘されてしまい対応しなければならなくなる。そのため、同居家族がいる要介護高齢者に対しては、できるだけ「生活援助」サービスの利用を促さないよう提供側が「自主規制」を働きかけがちになる。

ただし、市町村によっては同居家族がいても、生活援助サービスについて解釈を緩和している地域もある。逆に、よほどの条件でなければ認めない市町村もある。

他の介護保険サービス利用に際しても、細かい点で市町村の解釈によって使い勝手に差が生じてしまう。しかも、介護保険課などの担当者が変わるたびに、解釈が微妙に変化することも珍しくない。前年までは利用できたのに、市町村の担当者が異動で変わり解釈が変更されたことでサービスが利用しづらくなることもある。法令変更がない限り行政サービスには一貫性があるというのが建前だが、実際には担当者の解釈次第で状況が変化するのが現状である。

介護保険料の地域差

第1章でも述べたように介護保険料は、40歳以上65歳未満の被保険者は「第2号被保険者」として加入している医療保険料と合わせて、定期的に徴収される仕組みである。そして、65歳以上においては第1号被保険者として、年金から天引きされるなどして定期的に保険料が支払われる。

このうち第1号被保険者の保険料が市町村によって大きく異なっている。厚労省資料によれば、2024年4月〜2027年3月(第9期)における全国平均の介護保険料基準額は6225円となっている。介護保険発足時2000年4月〜2003年3月(第1期)2911円と比べると、倍増している。

このうち最も低い保険料が東京都小笠原村の３３７４円、次に北海道音威子府村《おといねっぷ》及び群馬県草津町の３６００円という順だ。逆にもっとも高い保険料は、大阪府大阪市の９２４９円、大阪府守口市の８９７０円、大阪府門真市の８７４９円で、かなりの差である（厚労省「第９期介護保険事業計画期間における介護保険の第1号保険料及びサービス見込み量等について」２０２４年5月14日）。

そもそも、介護保険料の差は、①介護保険サービス量、②要介護者の人数（認定率）、③65歳以上の人口割合、④低所得者層の割合、⑤財政安定化基金（貯金）など多くの要因が重なって決定される。当然、保険料の差を緩和させるため国からの調整交付金という仕組みもあるが、それでも格差は生じてしまう。

しかし、介護保険料が高いからといって必ずしも住みにくい市町村とは限らない。当然、その分、介護保険サービスが充実している、例えば、特別養護老人ホームの整備率が高い市町村は保険料が高くなる傾向がある。それでも、元気高齢者にとって介護保険料が低いに越したことはない。一部の首長や議会も、介護保険料を低くすることが市民にとってプラスであると訴えることがある。しかし、市町村の高齢化率にもよるが、保険料を低く抑えると、当然、介護保険サービスの拡充は難しくなることは認識する必要がある。

4　要介護認定率の差

要介護者の出現率に差

周知のように、介護保険制度は、心身の症状が軽い「要支援1・2」と、それらが重く介護が必要な「要介護1～5」との7段階に区分され、介護度が上がれば保険適用のサービス量が増えていく。逆に、重度の要介護者にとっては軽く判定されると、サービス量が足りなくなる。

そのため、一部の高齢者やその家族は思っていたより軽度な結果になると介護保険サービスは利用しづらいという。例えば、心身ともに重度で要介護2程度と思っていたのに、要支援2との判定が出されて限られたサービスしか利用できないケースなどだ。特に、要支援1・2と、要介護1～5とではサービス体系が大きく異なり、要支援1・2は「介護予防支援」といった位置づけで、利用できるサービスが限定的だ。もちろん、結果が軽度であれば、それだけ心身の状態が良好で好ましいことではある。しかし、要支援2と要介護1といった境界線の認定結果となると、介護サービス利用にかなりの影響を及ぼしてしまう。

要介護認定のプロセスとしては、利用者が市町村に申し込むと、①市町村から認定調査員が対象高齢者の自宅もしくは入院・入所先に出向いて、その聞き取りをもとに認定調査票に記入して報告書をまとめる。②主治医(かかりつけ医)の意見書を市町村が取り寄せる。③調査票と主治医の意見書を、市町村の認定審査会で合議して判定、決定する。これらの調査票の基準や方法は全国画一的なルールに基づいている。

しかし、第1号被保険者に占める認定者の割合(出現率)は、地域によってバラツキが大きい。厚労省「令和2年度介護保険事業状況報告(年報)」によれば、全国平均で18・7%であるが、大阪府(22・3%)、和歌山県(21・9%)、京都府(21・5%)などは高く、逆に茨城県(15・5%)、埼玉県(15・8%)、山梨県(15・9%)などは低くなっている。都道府県間ですら一定の差が生じているということは、市町村間ではさらに格差が生じていると考えられる。つまり住んでいる地域によって、要介護(要支援)認定者になりやすいか否かに差があるということだ。

「運」も否めない

筆者は現場で介護に従事していた経験から、要介護の認定結果は、一部「運」次第とも認識している。いくら全国画一的なルールの下で判定されるとはいえ、人間の状態を段階的に識別することは難しい。

多くのケアマネジャーからも調査員によって差が生じていると耳にする。既述のように地域によってもかなりの格差があり、ある地域では要介護1と判定されるが、同じ状態でありながら別の地域では要支援2と判断されることも珍しくない。特に、軽度者になるほど要介護認定システムの信憑《しんぴょう》性に問題が生じているといえる。

実際、市町村をまたいで業務に従事しているケアマネジャーによれば、各市町村長の裁量によって結果が異なり、厳しく判定されたり、甘く認定されるなど地域間格差は否めないと聞く。あるケアマネジャーによれば、担当していた高齢者が、当初、要介護2と判定されたものの、心身の状況から家族や本人がどうしても納得がいかず、状態が悪化したとして、再度、「区分変更申請」をすることとなり、その結果、要介護3になったという。

本来、認定結果に納得がいかなければ、「不服申し立て」という制度があるが、それには煩雑な事務手続きがあり手間がかかるため、急に状態が変化したとして「区分変更申請」という仕組みを活用して、再度、認定してもらうケースも珍しくない。

高齢者意識による違い

要介護認定申請において「母(おばあさん)が、調査員の人になんでも「できる!」と言って、軽く判定されてしまった」なんて話を、雑誌やテレビ番組で見聞したことはないだろうか。「普段は、物忘れがひどいのに、調査時には、しっかりと言える。起き上がりも頑張ってしまって、本来なら要介護3ぐらいなのに、要介護1と判定され保険が効くサービス量が減ってしまった」と、嘆く娘など……。

そのため、普段の状態が的確に認定結果に反映されるためには、調査の際にできる限り家族が同席するべきであろう。家族が遠方に住んでいる場合でも、調査日には時間をとって調査員の方に日ごろの実態を述べるべきだ。

認定調査票には「特記事項」という項目があり、調査員が自由に書き記す箇所がある。決まった質問項目(例えば、「片足立ちはできますか?」「腕を上げることはできますか?」「自分で起き上がりはできますか?」など)以外に、調査員が気づいた点を書き記す部分である。家族が同席していれば、「普段は物忘れが激しいです。車椅子の状態で起き上がることは、難しいです」などと、調査時以外の状況を書き加えることができるのだ。

仮に、調査項目に基づいて本人の回答のみで記入されてしまうと、軽く判定されがちである。

特に、男性高齢者は口数が少ないため、質問しても「はい」「いいえ」しか反応せず調査員が問題点を拾い上げにくい。家族がどうしても同席できない場合には、担当ケアマネジャーに頼むなど、普段の生活状況を把握している専門職に依頼しておくべきだろう。

主治医にも頼んでおく

また、要介護認定の結果に大きな影響を及ぼすのが、主治医(かかりつけ医)の意見書だ。認定結果は先の調査員の調査結果と、第3章で述べたようにかかりつけ医による意見書で決まる。そのため、受診した際には、必ず、要介護認定の申請をした旨を伝えておくべきだ。また、日常の生活状況なども、受診の際にはきめ細かく伝えておく必要がある。

高齢者本人が伝えることが難しければ、できれば家族が同席して医師に説明するほうがよい。診察時間が5分前後なので、医師からは普段の日常生活の状況まできめ細かく聞かない場合があり、患者側から積極的に伝える必要がある。

なお、総合病院など大きな病院の医師が主治医(かかりつけ医)になっている場合、医師の意見書の手続きには時間がかかる。そのため、要介護認定の申請の際には、できれば近所の診療所の医師を「かかりつけ医」として申し込み用紙に記入したほうがよい。医師の意見書の提出が役所に遅れると、認定審査が遅れ申請から結果までおよそ30日前後なのが、60日もかかることが珍しくない（第3章で述べた通り、平均40・2日）。できるだけ、風邪などをひいた際に決まって受診する診療所（クリニック）を固定化しておくべきだろう。

5　介護保険以外のサービス格差

自治体による高齢者福祉サービス

要介護者が「介護保険サービス」を基軸に介護生活を営んでいくのは常識ではあるが、市町村による「高齢者福祉サービス」も重要な社会資源として忘れてはならない。一般的な高齢者福祉サービスは、市町村による財源等で賄われているため地域間格差は否めない。つまり、それらを実施するか否かは市町村の判断となる。代表的サービスとしては以下のものがある。

［移送サービス］　市町村は、常時、車椅子状態で病院への通院などに苦慮している者に、車椅子等で乗降できるリフト付きタクシーなどを公費によって提供する事業を展開している。所得によって無料もしくは費用の一部を負担することになっている。高齢者ドライバーによる運転免許証返納を促す意味でも、「移送サービス」の充実は注目されている。なお、市町村

による財源ではなく、NPO法人や社会福祉法人が介護保険財源の一部を活用して「移送サービス」を展開している例も見受けられる。

[配食サービス] 市場価格より安価で自宅まで弁当を配達してくれるサービスである。一部独り暮らし高齢者には安否確認といった機能も加味されるサービスとして位置付けられることもある。その場合には、弁当は必ず手渡すこととなっている。一部、公費で宅配弁当会社へ助成金が支給されるため、市町村で利用者負担額は異なるが、1食300〜600円程度が相場である。ここでも市町村による差が生じることとなる。しかも、利用できる条件も65歳以上であれば可能、要支援以上の認定を受けた者、虚弱高齢者、独り暮らしもしくは老夫婦世帯のみ、といったように、市町村によってかなり異なる。

[おむつの支給] 在宅介護における要介護者に対して支給されるサービスである。市町村によって決められた現金給付がなされる方式もあれば、決まったカタログからおむつを選択して現物支給される方式とで分かれる。また、このサービスを受けられる条件も要介護2以上であったり、要介護4以上といったようにさまざまだ。

[寝具乾燥サービス] 毎月、寝具乾燥及び消毒など、高齢者宅を訪ねて提供してくれるサービスだ。在宅で暮らす独居もしくは老夫婦のみの要介護者では、寝具の洗濯、乾燥、消毒、水

洗いなどが難しいため、一部、公費による助成金が業者へ支払われることで、安価な自己負担額でサービスを受けることができる。当然、利用者負担額も市町村によって異なるが、1回数百円が相場である。

［訪問理美容サービス］　理髪師・美容師が訪問して高齢者宅へ出向きサービスを行うものだ。年数回の利用が可能なサービスで、調髪、カット、ヘアカラー、メイク等も提供される。利用者負担は1500～2000円が相場で、該当者条件も市町村によって異なる。

以上のような、市町村による高齢者福祉サービスは代表的なものであり、多くの地域で実施されているが、場合によっては自治体の判断で提供されていないこともある。いわば市町村の財政力の差が、これらの高齢者福祉の格差に直結している。

民間市場による保険外サービス

介護保険制度や高齢者福祉サービスといった公的な仕組みに基づくのではなく、全く民間市場による介護サービスも介護生活を送るうえで重要な社会資源となる。しかし、全額自費となるため一定の経済力を有していなければ利用することができず、まさに「おカネ」次第というわけだ。

多くは在宅介護において活用され、典型的なサービスは「家事支援」だ。既述のように介護保険サービスによる「生活援助」は、一定の制約があるため介護保険サービスとしては利用しにくい。その意味では、全額自費による「家事支援」型のサービスは何ら制約がないため、いわば家政婦として利用できる。相場は地域によって異なるが1時間あたり3500〜5000円程度であろう。

独り暮らしの高齢者や老夫婦はもちろん、同居家族がいる高齢者宅でも、掃除、洗濯、買い物などの家事一般を担ってもらえる。特に、同居家族のいるケースでは、介護保険による「生活援助」の場合は、居間やリビングといった共用スペースの掃除は禁止されている。食事づくりも同居家族の分のご飯を炊くことはできない。また、ガラス磨き、大掃除(窓ふき、換気扇の掃除、庭の掃除など)なども介護保険では対象外だ。

このような生活援助もしくは家事支援といったサービスは、日常生活に関わる支援なので杓子定規に区分けできない。そのため、一定の経済力のある高齢者は全額自費サービスを活用しがちとなる。

最近、ペットを飼い続ける高齢者も珍しくなく、要介護状態となれば散歩に連れていくことができないため、ペットの散歩のために自費サービスを活用する高齢者が増えている。また、庭の草むしりや手入れなどのニーズもある。

なお、身体介護においては、通院時の介助などでも自費サービスが活用されている。自宅から病院までの通院介助は介護保険による「身体介護」サービスを利用できるのだが、院内における介助は、原則、介護保険では活用できないからだ。

多くの高齢者は、病院内で複数の診療科を受診することもあり、薬局へ出向くなど病院外での介助が必要となる。建前上は院内の介助は病院側の責務となっているが、総合病院では介助してくれるスタッフはいない。そのため、院内介助のためのヘルパーを自費サービスで依頼する。多くのケースでは、介護保険内で自宅と病院を往復する通院介助（身体介護）の際のヘルパーに、そのまま院内介助に際しては「自費」サービスに切り替えてもらう。

もっとも、このような自費によるヘルパーサービスも地域間格差は否めない。これらのサービスは一定の都市部では事業が展開されているが、過疎地や地方では請け負う事業所がない。なお、都市部であっても自費といえども人材不足であるため、依頼しても断られるケースも珍しくない。介護保険内であれ保険外であれヘルパー不足に変わりはないのだ。ただし、民間市場サービスであることから、支払う金額交渉次第で限られたヘルパーを優先的に派遣してもらえる可能性は充分にある。ある種「家政婦」の側面が強いため、価格交渉次第でサービスも利用しやすくなる。ここが介護保険内サービスと大きく異なる点だ。

6　介護業界と他産業格差

有効求人倍率における格差

繰り返すが、介護サービスは「人」(介護職員)によって提供されるため、安心して介護サービスが受けられるか否かは、マンパワーの確保次第だ。確かに、昨今、介護ロボットや介護機器、ICT(Information and Communication Technology:「情報通信技術」と訳される)機器などの開発によって、介護人材不足を少しでも補えないかとの試みが活発になされている。しかし、これらの技術開発は一定の効果は期待できるものの、やはり介護サービスは「人」によって提供される側面が強く、その効果は限定的と言わざるをえない。

2023年10月23日付『日本経済新聞』で「介護就労者、初の減少」との記事が掲載され、介護人材不足の深刻さを認識させられた。これまで要介護者が増加し続け需給関係がアンバランスとなってはいたものの、毎年、幾ばくかではあるが介護関連職種は増えていた。しかし、2022年に過去はじめてマイナス1.6%となり約6万3000人が減少し、問題がより一層深刻化してしまった。

そのため「介護格差」を考えるにあたって、介護人材不足の問題を避けては通れない。図4-1は、全職業と介護関係職種による有効求人倍率(パートタイマーを含む常用)の推移である。介護関係職種においてはコロナ禍で幾ばくか下がったものの、以前として有効求人倍率は高く2024年1月時点で4・20倍と、かなりの人手不足の実態が窺える。

いっぽう全職業においてはコロナ禍であっても有効求人倍率1・21倍で、それ以降は売り手市場となり2023年7月時点で1・15倍(パートタイマーを含む常用)となっている。さらに超少子高齢化によって全産業における人手不足は、コロナ禍後、加速化していると考えられる。このように有効求人倍率の差を認識するだけでも、介護人材不足の深刻さを理解できるだろう。

尋常ではない訪問介護の人材不足

特に、ヘルパーの人材不足は尋常ではない。これらの有効求人倍率は約15倍となっており(図4-2)、既述の事例からも在宅介護が危機的状況であることは言うまでもない。周知のように介護職員は、介護施設、デイサービス、病院、訪問介護などといった分野に従事している。これら介護分野の中でも訪問介護は正規職員率が高いわけではなく、一定程度の非正規職員

（パートタイマー）によって支えられている。

介護労働安定センターの資料によれば、主な介護分野の職種のうちヘルパーの1週間の労働時間で40時間以上従事している者の割合は58・1％と最も低い。逆に30時間未満の割合が28・2

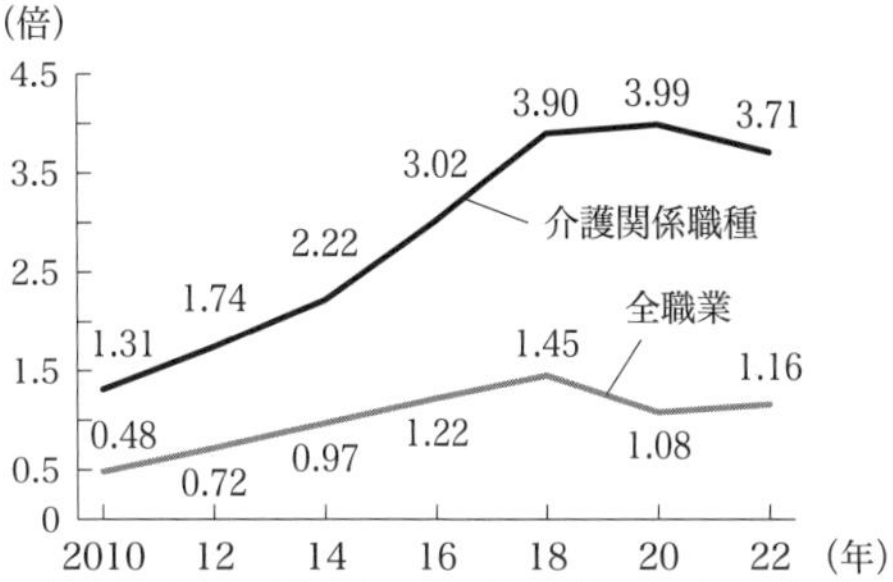

（出典）　社会保障審議会介護保険部会（第107回）「介護保険制度の見直しに関する参考資料」（2023年7月10日）より作成

図4-1　全職業と介護関係職種における有効求人倍率の推移（パートタイマーを含む常用）

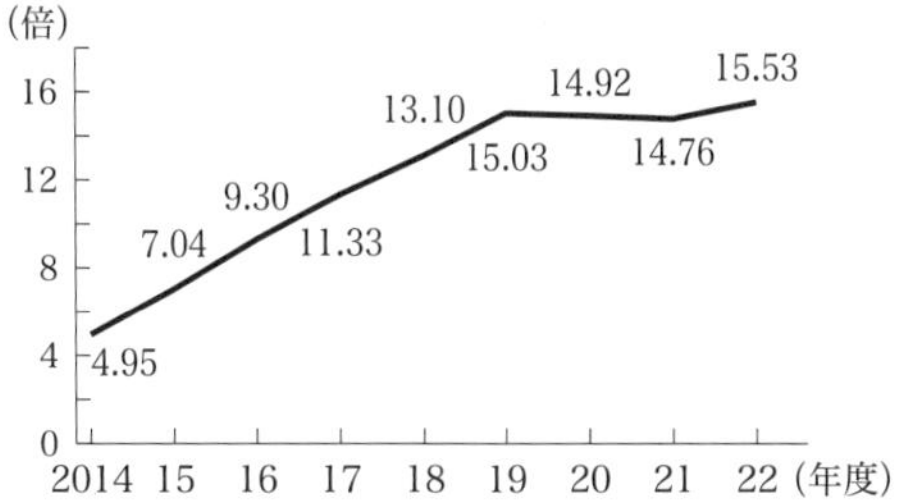

（出典）　社会保障審議会介護給付費分科会（第220回）「資料1：訪問介護」（2023年7月24日）より作成

図4-2　ヘルパーにおける有効求人倍率の推移

表4-2　介護事業所における職種別65歳以上の占める割合

（%）

訪問介護員（ヘルパー）	26.3
サービス提供責任者（訪問介護員の責任者）	10.8
介護職員（施設系職員など）	11.0
看護職員	14.2
生活相談員	4.9
PT・OT・ST等（理学療法士，作業療法士，言語聴覚士等）	1.8
介護支援専門員（ケアマネジャー）	12.3

（出典）　介護労働安定センター「令和4年度「介護労働実態調査」結果の概要について」（2023年8月21日）より

%と最も高くなっている（『令和4年度介護労働実態調査介護労働者の就業実態と就業意識調査結果報告書』）。

しかも、介護事業所の全従事者に対して65歳以上の割合が、職種別ではヘルパーが26・3％と最も高齢化している（表4-2）。急いで後継者育成を考えていかないと全国的にヘルパーは枯渇してしまい、在宅で暮らす要介護者らのサービス利用が難しくなることは明らかである。

某ケアマネジャーから聞いたのだが（2023年9月10日）、利用者から「75歳ぐらいのヘルパーに毎週2回来てもらっているのだが、もう10歳ぐらい若いヘルパーに来てもらえないか」と、たびたびお願いされるそうだ。

75歳過ぎのヘルパーは、人柄はいいのだがどうしても動作が遅く、1時間の稼働中のケアが限られるという。しかも、身体介護であれ生活援助であれ、手際が悪く、何度も同じことを説明しなければならないヘルパーもいる。また、約束の時間に遅れることも頻繁ではないが、多々あるようだ。

ヘルパー個人の問題なのかと筆者は聞いたのだが、例外を除いて、多くの75歳以上のヘルパーは50～60歳代と比べると、かなり課題のある人が多いというのである。しかし、ケアするヘルパーがいないため、やむなく利用者には理解してもらうしかないという。

50～60歳代のヘルパーに来てもらえるか、逆に75歳以上のヘルパーしか派遣してもらえないかは「運」次第といえるだろう。しかし、高齢ヘルパーになれば、一部を除いて介護の手際が明らかに遅くなることは否めない。ヘルパー業界の高齢化は、日々、加速化しており後継者育成が喫緊の課題である。

給与格差

先の介護労働安定センターの資料によれば、介護現場における平均年収は職種別にかなりの差がある(表4-3)。

しかし、国税庁企画課データ活用推進室「令和4年分民間給与実態統計調査結果について」(2023年9月)によれば、全産業における給与所得者一人当たりの平均給与は458万円(前年比2.7%増)で、男女別にみると男性563万円(前年比2.5%増)、女性314万円(同3.9%増)となっている。なお、最も高いのは電気・ガス・熱供給・水道業の747万円、次に金融業・保険

表4-3　介護事業所における職種別平均年収（勤続２年以上）

（万円）

訪問介護員（ヘルパー）	340
サービス提供責任者（訪問介護員の責任者）	400
介護職員（施設系職員など）	357
看護職員	431
生活相談員	390
PT・OT・ST等（理学療法士，作業療法士，言語聴覚士等）	416
介護支援専門員（ケアマネジャー）	394
管理栄養士・栄養士	377

（出典）　介護労働安定センター「令和４年度「介護労働実態調査」結果の概要について」（2023年８月21日）より

業の６５６万円、情報通信業の６３２万円だ。逆に最も低いのは宿泊業・飲食サービス業の２６８万円となっている。

介護人材不足の最大の要因が、全産業と比べて低賃金であることは容易に認識できるだろう。確かに、政府は介護職員の賃金向上のために財政措置を講じており、ここ10年以前と比べると待遇も良くなりヘルパーの年収も３４０万円を超えてきている。しかし、全産業と比べるとまだまだ差があり、介護職員は労働市場における年収面で極めて劣勢である。しかも、少子化により危機的状況が加速化している。

職場環境の格差

低賃金だけではなく、職場環境が悪いことも問題となっている。介護労働安定センターの資料によれば、複数回答ではあるが、前職の介護職員を辞めた理由では「職場の人間関係」が

34・3％と最も高い数値となっている。次に「法人や施設・事業所の理念や運営のあり方に不満があったため」が26・3％。3番目に「他に良い仕事・職場があったため」19・9％。そして、4番目に「収入が少なかったため」16・6％だった。

介護はチームで業務をこなさなければならない。人間関係が良好でないと精神的に疲れてしまい「離職」の大きな要因となる。いくら賃金が良くても人間関係が悪い職場だと仕事を続けることは難しい。

しかも、公休もしくは年休が取得しづらいことも介護職員の不人気の大きな要因と考える。筆者は、長年、大学の社会福祉学科で教職に従事し多くの介護職員を養成してきたが、年々、学生のなかで介護職員の魅力が低下していることを実感する。現場実習で介護職員の先輩らと接することで、休日の取得しづらさを目の当たりにすると、福祉を志している学生であっても消極的となる。また、多くの介護職員の卒業生から聞くのだが、「労務法規が守られずサービス残業は頻繁にあって辞めました」といった声もある。

もちろん、全ての介護現場が劣悪ではなく、一部、ホワイト介護事業所もあるが、筆者の感覚では一般企業に就職した卒業生と比べると、かなり労働環境の悪い割合が高いといえるだろう。

介護現場で慢性的な介護人材不足となれば、当然、限られた人員で業務をこなさなければならなくなり、労務法規も守られない。20年前であれば介護業界における「ブラック企業」割合は低かったのだが、昨今、かなり増えていると考える。

認知症高齢者への対応、夜勤などのシフト制による負担、腰痛の危険を伴う介護業務、命と背中合わせのケアなど、介護職そのものの「きつさ」と、労務法規が守られない「きつさ」は分けて考えるべきであろう。その意味では、賃金保障も重要だが「労務法規」が守られていないことが人材不足の大きな要因である。

ケアマネジャーが見つからない！

筆者は、千葉県内の地域包括支援センター職員に、ケアマネジャー不足について話を聞いた（2023年8月9日）。

取材を受けてくれた社会福祉士及び保健師らは「最近、要支援1・2を担当してくれるケアマネジャーがいなくて困っている」という。介護保険制度においては、要支援1・2のケアプランは、基本的には地域包括支援センターが担うことになっており、通常の居宅介護支援事業所へ委託することができる。「5年ぐらい前までは、委託を受けてくれる居宅介護支援事業所に困らなかったのだが、ここ数年は断られるようになってきている」と話してくれた。

そもそも、要支援1・2の介護報酬(介護予防支援費)が、毎月1人の利用者あたり約4300円しか支払われていないのが大きな要因だ(取材当時は2024年改定前の介護報酬単価)。特に、5年ぐらい前から徐々にケアマネジャー不足が目立つようになり、居宅介護支援事業所が要支援1・2の利用者まで担う余裕がなくなってきているようだ(第7章参照)。

そのため、2024年4月から地域包括支援センターを介さずに(費用の委託料を節約することと事務効率化のため)、直に居宅介護支援事業所が要支援1・2を受け持つことができるように、前年5月に介護保険法が改正された。しかし、介護報酬単価が低いままでは状況は改善される見通しはないと考える。

なお、要介護1~5のケアプラン作成は居宅介護支援事業所が受け持つこととなっている。しかし、初めて介護保険サービスを利用する要介護者は、そもそもケアマネジャーを探すことに非常に苦労しているという。かつては要介護者や家族が居宅介護支援事業所リストから容易に探して依頼すれば問題なかったのだが、昨今は何件か問い合わせをして5~10か所目にようやく見つかることも珍しくないという。家族や本人(要介護者)で見つけることができず地域包括支援センターに相談に来て一緒に探すのだが、それでも見つかるまで苦労することも珍しくない。

ケアマネジャー不足の要因

ケアマネジャー不足の要因はいくつか考えられる。①介護職員の処遇改善(国による賃金引き上げ)策が進みケアマネジャーとの給与差が縮小したことで、ケアマネジャーへ転職する介護職員が減った。②ケアマネジャー業務において、煩雑な事務作業や定期的な法定研修に追われるなど「業務負担」が増し、職種自体が不人気となっている。③年々、要介護(要支援)者が増加しているため、供給(ケアマネジャー)が追いついていない。④2019年度ケアマネジャー受験資格の厳格化により合格者が減少した。

特に、これらの中で、④ケアマネジャー受験資格の厳格化は、国(厚労省)は質の担保を理由に介護保険法を改正(2018年施行)したのだが、新しく生まれるケアマネジャーが少なくなってしまい、筆者は大きな間違いであったと考える。

このような要因が重なり、ケアマネジャーの有効求人倍率も高くなっている(図4-3)。実際、介護保険発足前後に資格を有したケアマネジャーが引退を迎える時期が来ている。2000年前後、多くの40～50歳代の医療・介護系の現場職員が試験に合格し、これまでケアマネジャーの中核層となっていた。そして、彼(女)は間もなく60～70歳過ぎとなり引退の時期を迎える。

　本来、従事しているケアマネジャー有資格者の年齢構成を考えて資格制度をメンテナンスしていくべきであったが、国は考慮せずに受験資格の厳格化に踏み切ったことは大きな問題ではないかと考える。

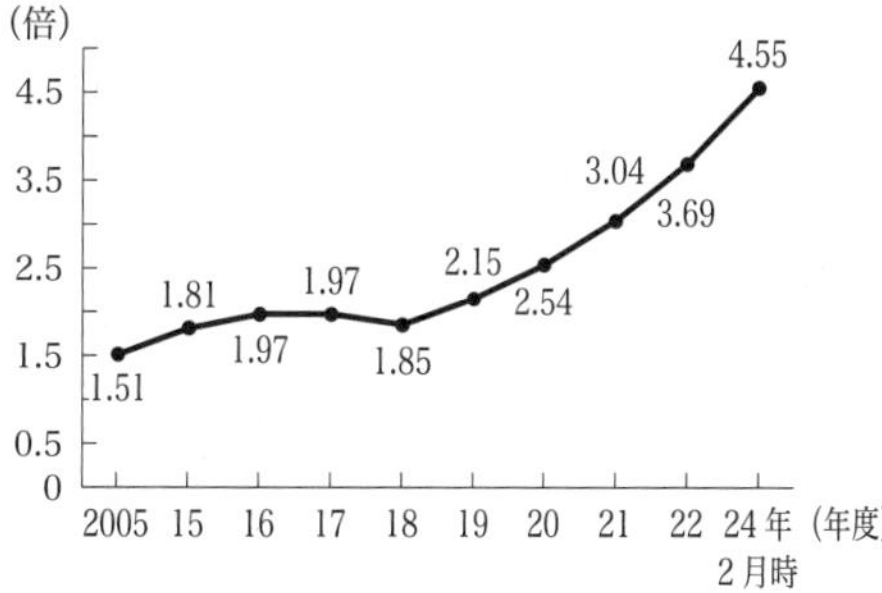

(出典)　全国社会福祉協議会中央福祉人材センター「福祉分野の求人求職動向福祉人材センター・バンク職業紹介実績報告」各年度版・月次版より作成

図4-3　ケアマネジャー(介護支援専門員)の有効求人倍率の推移

7　市町村の財政力と首長次第

地方政治の差

介護サービスにおける地域間格差は、市町村による財政力の違いと、その首長の介護意識によっても大きく異なってくると考える。当然、財政力が豊富な市町村であれば、介護保険制度の問題を是正するため市町村独自の一般財源を用いることで対応可能となる。

　しかし、いくら財政力が豊かであっても首長や議会が介護に対して意識が高くなければ、安心した介護生活を保障される地域とはならない。逆に、財政上厳しい市町村であっても、首長らが介護施策に精通していれば他の財政支出を節約して、それらに厚く財配分していくこともできる。

つまり、介護サービスにおける地域間格差は、一部、首長や議会の意識の違いによって生じるものである。介護施策を重視する地方政治家が多くいれば、必ず充実した施策となっていく。そのためには地域住民も、介護に精通した首長や議員を輩出していく意識づけが必要で、必ずしも政治家や行政だけの問題ではない。

ヘルパー資格に自治体が責任を持つ

なお、千葉県長生郡《ちょうせいぐん》長柄町《ながらまち》(人口約6300人)ではユニークな試みがなされていたため、役場の関係者らに話を聞くことができた(2023年10月1日)。

この自治体では、住所を有する町民が介護職員初任者研修(ヘルパー資格)を受講する場合、本来、約5万~13万円を自己負担して取得するのが通常だが、役場の助成金によって資格を無料で取得できる。

役場としては、住民がヘルパー資格を取得することで、介護人材不足によって介護保険サービスが受けづらくなっていることを代替できないかと考えているそうだ。例えば、住民が有償ボランティア（後述）として介護の担い手となる。もしくは、家族介護者が資格を有することで専門的な知識を得て、少しでも介護負担を軽減できるように、住民による介護力を高めることが目指されている。セカンドベストかもしれないが、介護人材不足への対策の試みとしては注目できるだろう。

8　地域の互助組織力の違い

ボランティア不足も深刻

介護サービスとしては、必ずしも介護保険などの公的位置づけのシステムだけではなく、「無償ボランティア」「有償ボラティア」「地域住民同士の助け合い」事業などといった、インフォーマルサービスも高齢者の介護生活にとっては重要な社会資源だ。

例えば、「有償ボランティア」による生活支援サービス――電球を取り替える、買い物に行く、粗大ごみを処分するなど――日常生活において些細な困りごとに対応してくれるのが有償ボランティアである。１時間あたり５００円から１０００円程度までの負担で利用できるのが相場で、市町村社会福祉協議会などが窓口となって、担い手（有償ボランティア）と利用者（高齢者)をコーディネートしている例が多くみられる。もっとも、介護保険制度における「総合事業」(介護予防・日常生活支援総合事業)といった仕組みの中で運営されているパターンもある。

担い手(有償ボランティア)には、地域貢献や社会貢献といった意識から活動に励んでいる者が多い。基本的に交通費や昼食代など気持ち程度の謝礼を受け取り、地域の高齢者の支援に臨んでいる。これらの年齢層には元気高齢者層が多い。

「無償ボランティア」の活躍も地域においては重要である。具体的には、高齢者の話し相手、見守り活動(声かけ)、散歩同行などが挙げられる。特に、話し相手などは貴重な社会資源として機能している。認知症の高齢者などは、話し相手がいるだけで精神的にも安定し快適な介護生活を営むことができる。これらは在宅に限らず、介護施設でも「無償ボランティア」の活躍は目覚ましい。コロナ禍ではボランティア活動が休止されてしまったため、多くの介護現場で支援が受けられず困窮した高齢者も多くいた。昨今、ようやく活動も再開されてきた。

しかし、筆者は、有償・無償を問わずボランティアを担う人材不足は深刻化していると多くの介護関係者から耳にする。実際、総務省「令和3年社会生活基本調査」によれば、「ボランティア活動」の行動者率は17・8%となっており、5年前より8.2ポイント低下している。データ上でも国民全体のボランティア行動様式の低下は明らかなのだ。もちろん、3年間のコロナ禍によるボランティア活動の休止も踏まえなければならないが、厳しい状況であることは間違いない。

これらの要因は人口減少社会といった側面もあるだろうが、既述のように、ボランティア活動の年齢層は元気高齢者が多いことが関係している。つまり、この層の就業率上昇が大きく関連していると考える。

総務省データによれば、2022年65〜69歳の就業率は50・8％（2012年37・1％）で、70〜74歳は33・5％（2012年23・0％）となっており、年々、上昇している（「労働力調査（基本集計）」）。年金給付額も目減りしているため、元気なうちは非正規であって働いて収入を得ようと考える高齢者が多くなりボランティア活動に割く時間が低下しているためであろう。

民生委員不足の実態

なお、厚労省資料によれば地域福祉活動の大きな担い手である「民生委員」（児童委員を兼務）が、全国で1万5191人不足しており（厚労省「令和4年度民生委員・児童委員の一斉改選結果について」2023年1月13日）、定員割れの状態となっている。そもそも民生委員は無償ではあるが、民生委員法に基づき厚生労働大臣より委嘱された非常勤地方公務員という位置づけとなっている。

具体的な責務としては、担当地区における福祉ニーズの把握、それらを抱えた住民と市町村福祉部門との橋渡し役、住民による簡単な福祉相談対応、独居高齢者の見守り活動、役所からの調査活動といったように「地域福祉」活動を支える重要な役割を担っている。

また、台風や地震などの災害が生じた場合、社会的弱者として高齢者や障害者らを避難所へ誘導する必要が生じる。その際、彼(女)らがどこに居住しているのかなどを民生委員がいち早く情報提供することで、消防、警察、自衛隊などの救助活動に大きな効果をもたらすことがある。このような民生委員の定員割れが全国的に慢性化していくことは、安心した介護生活を考える意味でも看過できない。

第5章

介護は情報戦！

1　知っているか否かで違う！

情報の取得次第で変わる！

安心した介護生活を営めるか否かは「情報」次第ともいえる。いざ「介護」が必要となった時、適切な判断・対応ができるか否かは、どれだけ介護情報を得ているかで明暗が分かれるといっても過言ではない。

昨今、老後生活のための資産設計といったセミナーの一部に、「介護が必要になったら備えるべきこと！」というテーマが盛り込まれることがある。筆者も、金融機関や証券会社主催のセミナー講師を務めたことがあるが、老後の資産形成の目的の1つに、安心した介護生活を営むためと考えている投資家が多いようだ。

既述のように70歳代の高齢者の多くは元気であるため、どこか介護は他人事と考えている人も多い。しかし、介護は急に訪れる。もちろん、心身の機能が徐々に低下し介護が必要な状態が日増しに増えるケースもある。しかし、脳梗塞などで倒れて救急車を呼び、緊急搬送され治療を受ける、かろうじて命は救われたものの第3章でも述べたように、後遺症が残り、右半身麻痺・言語障害、常時車椅子が必要な要介護状態となることはよくあるケースだ。このような事態に対して、事前に介護についての情報を取得していれば慌てずに着実な対応ができるはずである。

そのため、日ごろから基本的な介護保険の仕組みから、家族も含めて頭の中に入れておくべきであろう。

介護事業所が喫茶店経営

筆者は、民間介護事業者が運営している、地域に開かれた「介護カフェ」を訪ねた（2023年6月5日）。新宿区にある、「Sunnydays café」という名で、近隣住民が昼食や喫茶を楽しみながら介護相談ができる店だ。同一建物に居宅介護支援事業所及び訪問介護事業所が併設されている。

カフェ開店中の適宜、決まった時間に、ケアマネジャー及び管理栄養士が常駐している。そして、客の介護相談等を無料で受けているのである。もちろん、飲食代は支払うことにはなるが。

飲食だけを利用する客が大半だが、必ず1日1人以上は介護相談を受けたいという客が来るという。例えば、「今、親の介護に携わっているが、ヘルパーやケアマネジャー対応について悩んでいる」「何か介護に関する新たな情報を教えてほしい」「将来、自分の介護が不安なので」といった、気軽に相談ができる場が「Sunnydays café」だという。

中には介護職員など専門職が訪れることもあり、日々の業務の悩みなどの相談を受けるという。そして、簡単なアドバイスをし、愚痴を聞くことで元気になってもらって送り出す。

この介護施設(株式会社モテギ)は「企業貢献」も兼ねてカフェを運営し、地域に親しまれる介護事業所を目指しているようだ。取材を受けてくれたケアマネジャーと管理栄養士は、役所や地域包括支援センターといった公の場には、もう一歩踏み出せない高齢者及び家族が少なくないという。そのため、このようなカフェを運営しながら、介護情報を気軽に市民に提供できればとのことだった。

2 SNSなどの情報

メリットとデメリット

高齢者の中にはインターネットやスマホを自由に使いこなし、さまざまな情報を入手する人もいる。特に、SNSから介護サービスの評判なども簡単に入手できる。

確かに、インターネットやスマホから介護保険制度の基本情報やサービスの使い方、要介護認定の仕組みなどを理解するのは有効である。基本的に自治体などが介護情報を提供しており、一部、民間会社の媒体からも的確な情報を入手することができる。

しかし、介護サービスの評判、例えば「どこの施設が良質か?」「ケアマネジャーの評判は?」「ヘルパー事業所は、どこがいいか?」といった情報の適否は、SNSなどでは未知数だ。もちろん的確な情報もある。ただ、他のサービスでも同様だが、とくに介護サービスの評判はSNSだけに頼らず、直に介護事業所に足を運び、介護施設を見学するなど現場を訪ねて情報を得るべきである。

できれば介護サービスを利用している高齢者や家族の「口コミ」情報を参考に、介護事業所の選定を考えていくといい。

介護サービス情報公表制度の活用

なお、厚労省による「介護サービス情報公表制度」をインターネットから閲覧して、介護事業所、施設などの情報を入手しておくのもおすすめである。このホームページによれば、全国約21万か所の「介護サービス事業所」の情報がインターネット上で公表されているため、「利用している」「利用するかもしれない」といった介護事業所は確認しておくとよい(https://www.mhlw.go.jp/stf/kaigo-kouhyou.html)。

このサイトには、介護事業所・施設における「従業員の人数」「介護職員の退職者数(1年間)」「従業員への研修実施の有無」「第三者評価機関による評価実施の有無」「介護報酬の加算状況」などが、きめ細かく記載されている。特に、「介護報酬の加算状況」では、あまりにも「加算」を取得していない介護事業所であれば、サービスの質の向上に努力していないと判断できる。介護事業所は、よりよいサービスを提供することで介護報酬上の「加算」を請求することができ、収入アップにつながる。

間違わない介護施設の選び方

なお、筆者のケアマネジャー経験から、介護施設を選ぶポイントを述べておこう。他の介護関連の専門書でも論じられているため、読者の方にはあくまで参考としてご認識いただきたい。

1つ目は、ボランティアや地域住民との交流が活発な介護施設は良質の可能性が高い。なぜなら、常に外部の人が出入りしているため、介護施設側も外部の人に見られても構わないという認識だからだ。とかく介護施設は入居している高齢者と、介護職員らとの関係に偏り閉ざされた社会になってしまう。そのため、一部の職員の勤務態度や話し方など緊張感が薄れる可能性がある。閉ざされた社会では、どうしてもサービス提供側の誠実な対応が緩慢となりやすい。

2つ目は、介護職員の離職率が低い介護施設だ。介護職員の年間離職率は平均約13％である（100人の介護職員がいれば約13％は1年間で辞める）。ゆえに介護施設を見学する際、積極的に「この施設の介護職員の離職率は？」と聞いてみよう。そして、職員が自信をもって回答すれば、離職率についてそれなりに意識していることが分かり「誠実」な介護施設の可能性が高い。介護職員の確保・維持は介護サービスの「質」に直結するため、離職率が職員までも浸透していることになる。

3つ目は、介護職員の人員配置基準である。原則、介護施設は高齢者3人に対して、介護職員や看護職員を最低1名は配置しなければならない。しかし、実際3対1で運営している介護施設は少なく、2対1、1.5対1と手厚くなっていることもある。むしろ、法定ギリギリの人員配置では、介護職員の労働環境が悪くサービスの「質」が良好ではないと判断できる。

最近、良質な介護施設を選ばないと、一部の介護職員が加害者となり入居高齢者に「虐待」

表5-1　高齢者の虐待判断件数の推移

（件）

年度	養介護施設従事者らによる	養護者による
2006	54	1万2569
2010	96	1万6668
2015	408	1万5976
2020	595	1万7281
2021	739	1万6426
2022	856	1万6669

（出典）厚労省「「令和4年度高齢者虐待の防止，高齢者の養護者に対する支援等に関する法律」に基づく対応状況等に関する調査結果」（2023年12月22日）より作成

してしまうケースが生じている。例えば、時々、介護職員が認知症高齢者のケアで苦労すると、腹いせに利用者を殴る事件がニュースで報道される。最悪、介護職員が高齢者を「殺害」するといった案件まで生じているのだ。厚労省資料では、養護者（家族など）による高齢者虐待件数は増加しているものの横ばいに推移してきている。しかし、養介護施設従事者（介護職員など）による高齢者虐待は増加傾向だ（表5−1）。

疑念があれば役所などへ

親族が入所している介護施設の対応・ケアに疑問を抱いたら、遠慮せず役所や地域包括支援センターに相談に行くべきだ。世話になっているからと躊躇していると、もしかしたら高齢者が虐待の被害に遭っているかもしれない。まずは介護関係者に相談することで、何らかの対応をしてくれるはずである。

介護施設での「虐待」が発覚する経路としては、親族による訴えなどが多い。親族による

民間介護施設相談センターの活用

筆者は、民間介護施設相談センターである「株式会社ソナエル」を訪ねた（2023年8月21日）。昨今、民間事業所による介護施設等を紹介する会社が増えており、多くの高齢者や家族が活用しているため状況を把握するためだ。取材に応じてくれたのは、笹川泰宏氏（代表：社会福祉士）、中浩史氏（社会福祉士）の2名で、この業界で長く従事している専門職である。

このような民間介護施設相談センターは、全国で400～500か所存在し増加傾向だという。現在、数多くの「サ高住」（サービス付き高齢者住宅）や有料老人ホームが事業展開されている。そのため高齢者や家族は、どの「物件」を、どのように選択すればよいかということで相談ニーズが増えたためではないかという。また、このような「物件」紹介相談は、既述のように原則、地域包括支援センターでは対応してくれないことも影響している。

この相談センターでは、役所、総合病院（医療相談室：医療ソーシャルワーカー）、地域包括支援センターからの依頼ケースが6、7割を占めている。

そして、インターネットで「株式会社ソナエル」のサイトを見たので、という患者さんらの家族による来所もしくは電話相談にも応じているという。例えば、「まもなく退院になるので、サ高住や有料老人ホームなどを探したい」「特別養護老人ホームは、原則、要介護3でないと入所できないので、要介護2であっても在宅介護は難しいため、どこか入居できる施設を探したい」などといった内容である。

1件契約成立30万〜50万円

一般的に民間介護施設相談センターの「収入」としては、利用者と介護施設の入居契約が成立すると1ケースあたり介護施設は約30万〜50万円を、当該民間介護施設相談センターに支払う仕組みとなっている。その意味では利用者の経済的負担は直接にはない。

ただし、注意しなければならないのは民間介護施設相談センターの中には、利用者側よりも自らの「利益」を優先して、介護施設等を紹介するケースも少なくないということだ。そのため、相談する高齢者や家族は、良質な民間介護施設相談センターを見極めることが重要となる。

これらの見分け方として、その相談センターに、どの程度の契約有料老人ホーム数があるかが目安となる。契約数が多ければ、それだけネットワークが充実しており選択肢も多くなり良質である可能性が高い。

また、サ高住や有料老人ホームが親会社となって、合わせて民間介護施設相談センターを事業展開している場合もある。このような相談センターでは、親会社が運営している物件を紹介される可能性が高いので注意すべきである。

貧困ビジネスについて

俗称ではあるが、介護現場において「貧困ビジネス」と言われるサービス体系が存在する。主に生活保護受給者の要介護者を対象に介護サービスを提供して利益を得るビジネスである。既述のとおり生活保護受給者となれば、医療保険や介護保険の自己負担額はなく、医療及び介護保険料も保護費から保証されるため実質無料となる。そのため、介護保険サービスを限度額まで利用しても高齢者の負担感がない。

例えば、「貧困ビジネス」といわれる有料老人ホームやサ高住における部屋代(家賃)の費用負担額を、できるだけ安価に設定する。そして、系列デイサービスや訪問介護などの利用を促進することで、総合的な「利益」を得ることができるのである。いわば「囲い込み」経営戦略ともいえる(第8章参照)。しかも、診療所などが系列化されていれば、さらに診療報酬からも「利益」を得ることが可能だ。

生活保護受給者1ケースの収入は少ないが、一定の利用者数を獲得すれば安定した収入源として見込める手堅い事業といえる。

天涯孤独の要介護者の住まい

筆者は、生活保護を受給している要介護者が大勢居住する横浜市の寿地区を訪ねた(2022年9月21日)。「ドヤ」とも言われる簡易宿泊所が多く要介護者が暮らしている。

かつてこの地域は、日本でも有数の日雇い労働者が集まる地域で、大阪の「あいりん地区」、東京の「山谷地区」とともに「日本三大寄せ場」の1つであった。また、簡易宿泊所が建ち並び、生活保護受給者が多く居住する場でもあった。そして、その日雇い労働者が年を取り要介護者となって、簡易宿泊所で介護生活を送るといった光景が10年ぐらい前までは見られた。

約10年ぶりに寿地区の介護現場を取材するために、当時と同じ某介護事業所を訪ね責任者の梅宮茂さん(仮名)に話を聞いた。梅宮さんはケアマネジャーでもあったが、現在は介護事業所全体を統括している管理者である。

梅宮さんによると「寿地区の要介護者で日雇い労働者であった方々は、今はほとんどいませんね」という意外なコメントであった。そのような方は、もう亡くなったか、病院に入院して簡易宿泊所では暮らしていないという。

市内の処遇困難ケースが集まる

寿地区では相変わらず簡易宿泊所に暮らす要介護者も増えており、確かに生活保護を基軸とした「貧困ビジネス」とも言われる事業所が存在するという。しかし、寿地区における「貧困ビジネス」は、俗に言われる利益追求型のビジネスとは異なるという。

なぜなら、横浜市の生活保護ケースワーカーらが、市内で居住する処遇困難ケースの「終《つい》の住処《すみか》」とも言うべき受け皿として、こうした事業所を捉えているからである。例えば、介護施設においては、認知症に起因しない暴言が目立つ、もしくは人とのトラブルを頻繁に引き起こす高齢者、施設側から退所させられる要介護者、もしくは自分で共同生活を苦痛に感じ退所する高齢者など……。在宅要介護者においては、常時、近隣住民とのトラブルを抱えたり、ヘルパーに対して理不尽なクレームばかり言ったりする高齢者、半ばゴミ屋敷状態などに居住する高齢者、要介護者といえども常識を外れた生活行動をとるケース等……。

このような介護施設や地域では暮らせない要介護者は、どこにも居場所がなくなることから、寿地区の簡易宿泊所で介護事業所のサービスを利用しながら介護生活を送る高齢者が集まってくるという。

特養が空いている

特養は公的側面が強く、もっとも身近な介護施設である。高齢者世帯の収入に応じて総利用額が異なる。中低所得者には、それなりに配慮された介護施設となっている。

厚労省資料によれば2022年4月1日時点における全国の特養待機者は25万3000人となっている。以前と比べれば入所しやすくなったが、世間では未だに待機者が利用するまでには相当な期間が必要であるとのイメージが一般的ではないだろうか。しかも、一定の条件を除いて要介護3以上でなければ入所できないため、要介護1・2の高齢者は介護施設を探す場合、はじめから有料老人ホーム、サ高住、グループホームを選択するようになっている。

しかし、一部、特養の空床が目立つようになってきている。確かに、都市部においては要介護3以上であっても、申し込んでから入所するまでに半年から1年程度までの時間を要する。特に、多床室といわれる相部屋(4人部屋)の場合、総利用額が安いため人気が高い。しかし、ユニット型個室タイプの特養であれば、地域差はあるものの都市部においても1、2か月で入居できる。地域によっては、空床が目立ち、直ぐにも入所できる特養もある。

なぜなら総利用額が高いからである。中低所得者であっても毎月の費用が10万円前後かかるため、一定の階層でないとユニット型個室タイプの特養には入所できないのだ。

まして厚生年金受給者である層は、毎月15万円以上の総利用額を支払う必要があり有料老人ホームやサ高住と値段が変わらない。場合によっては、ユニット型個室タイプの特養のほうが費用額が高くなることも珍しくない。

したがって、特養の場合は多床室とユニット型個室タイプではかなりの差があり、空床率を踏まえて介護施設を選ぶべきであろう。

有料老人ホームの細分化

一般的に、一口に有料老人ホームといっても施設ごとにかなりの差がある。既述の「貧困ビジネス」といった介護施設から、入居金1億円以上といった最高級物件まであって、一括りにはできない。また、有料老人ホームといっても、厳密には「介護付き有料老人ホーム」と「住宅型有料老人ホーム」で形態が異なる。

「介護付き有料老人ホーム」は、常時、介護職員が配置されており特養などに近い介護施設である。重度の要介護者も入居しており、医療的ニーズの高い要介護者も受け入れ可能である。

一方、「住宅型有料老人ホーム」は、サ高住のようなサービス形態に近い。介護施設である

表5-2　有料老人ホームの金額の目安

施　設	入居金	毎月の費用総額
① 最高級	1億円以上	30万円
② 高級	2000万〜5000万円	30万円
③ 普通	500万〜1000万円	20万円
④ 普通	なし	30万円
⑤ 貧困ビジネス	5万〜10万円*	7,8万円*

＊生活保護受給者に限定

ことに変わりはないが、外部の訪問介護事業者から派遣され個々の入居者の状態に応じて介護サービスが提供される。そのため、元気高齢者から重度の要介護者まで入居しており、常時、介護職員が配置されているわけではない。もっとも、「住宅型有料老人ホーム」系列の訪問介護事業所がサービスを担当する傾向であり、全く異なる事業所ではない。ただ、重度の要介護者となれば派遣できる介護職員が手薄であれば退所することも余儀なくされる。

筆者は、有料老人ホームの金額を大雑把に把握した限りでは、表5-2のように認識している。

4　高級有料老人ホームのメリット

高級有料老人ホームを訪ねる

東京都内の上石神井《かみしゃくじい》駅や武蔵関駅（西武新宿線）から徒歩圏内にある高級有料老人ホーム「シルバーシティ石神井南館」を訪ねた

（2023年9月5日）。既述のように有料老人ホームは入居金などにより個々の水準を把握することができるのだが、この介護付き有料老人ホームは最高級というランクには該当しない。

この業界で最高級有料老人ホームといえば安くとも入居金1億円以上で、2、3億円といった物件も珍しくない。このような有料老人ホームは、いわばマンション（不動産）物件を兼ね備えた意味合いをも持つ。

その意味では、「シルバーシティ石神井南館」は、通常の介護付きの高級有料老人ホームと理解していいだろう。入居金は1人部屋であっても部屋の間取りや入居時年齢で異なる。例えば、基本タイプ1人部屋18〜30平米で、入居金75歳以上であれば約3500万〜約5300万円だそうだ。ただし、85歳以上で入居すると約2300万〜3400万円となる。

一般的な有料老人ホームの入居金は、亡くなることで退所が想定されるため早くから入居すれば、それだけ施設を利用する期間が長くなると考えられる。簡単に言えば入居金は終身部屋の利用料と理解していいだろう。なお、夫婦部屋のように2人で暮らすとなると、部屋の間取りが35〜61平米となり費用も倍近くになる。

毎月支払う費用は、要介護度によって異なるが、1人25万〜35万円だそうだ。ただし、通院時の送迎代、趣味活動費、洗濯（クリーニング）代、外出の際のヘルパーによる介助費用など多様なサービスを利用すれば、それだけ別途費用がかかるという。その意味では、高級有料老人ホームでは、通常、毎月少なく見積もっても30万円の費用負担を想定しなければならない。

現役時代は高収入層が多い

費用面から考えて入居している方は、当然、現役時代には高収入層が大半である。弁護士、医師、会社社長、地主など、それなりの資産がある高齢者である。そのため、過去、費用工面が難しくなったので退所するといったケースは滅多になかったそうだ。既述のように大半の退所理由は「死亡」ということで、終の住処となっている。

独り暮らし、老夫婦になると若い時は何の苦にならなかった日常的な物事が、心身の機能低下によって困難になる。例えば、通院先を探す、買い物をする、自宅にいれば光熱費などを支払う、郵便・宅配便を受け取るといった些細なことでも手間と感じる。娘や息子がいても遠方に住んでいれば、わざわざ呼んで頼まなければならない。

しかし、高級有料老人ホームでは、コンシェルジュといった受付職員や些細なことでも頼めるスタッフが常駐している。介護とはいかないまでも、些細なことであればスタッフに依頼すれば対応してもらえるのだ。直ぐ誰かに頼れるといった安心感も、高級有料老人ホームの魅力だといえる。

5　自助の意識も重要

介護のイメージを抱いておこう

年齢を重ねれば介護サービスが必要となる可能性は高い。そのため、50歳を過ぎれば自分の介護生活をイメージしておくべきである。そして、最低でも自身が在宅介護か施設介護か、どちらにするか想定しておくべきだ。

もちろん、介護が必要となればイメージ通りにはいかないかもしれないが、予め希望する介護生活をイメージしておくと、それに合わせて介護情報を取得しやすくなる。仮に、自分が施設介護を希望したならば、良質な介護施設を選ぶために、どのようなチェックポイントがあるかなど気にかけるだろう。元気なうちから介護情報を取得しておくと、役立つ日が必ず来る。

苦情を述べることも重要

繰り返しになるが、在宅介護であれ施設介護であれ、「理不尽」と思ったら、積極的に苦情や相談窓口に行くべきである。我慢していると、質の悪い介護サービスを受け続けることになるからだ。確かに、多くの介護職員らは「質」の高いサービスを提供しているが、一部、理不尽な対応があることは否めない。その意味では、苦情等はしっかりと述べておくべきである。

例えば、当該介護事業者の責任者らに「貴社のヘルパーのケアがぞんざいで理不尽である」「時間を守らないヘルパーがいて困っている」「担当のケアマネジャーに相談してもいつも充分な時間を割いてくれない」「介護職員の排泄・入浴介助等が雑で、入居している親から愚痴を聞かされる」といったように思っていることを、ざっくばらんに訴えるべきである。

もし、介護事業所に直に相談することは気が引けるなら、担当ケアマネジャーに相談する。それとも地域包括支援センターへ相談に出向く。さらに役所の介護保険課に相談することも可能だ。また、各県の国民健康保険団体連合会にも、介護サービスにおける「苦情窓口」が設定されている。

東京都国民健康保険団体連合会『令和4年版東京都における介護サービスの苦情相談白書――令和3年度実績』(2022年10月)によれば、2021年度における苦情の相談方法は、電話80・3%、来所16・8%、その他(文書等)2.9%であったという。また、苦情内容として最も多いのが、サービス提供及び保険給付関連で1899件、次いで保険料に関するものが777件だったとされている。

同資料によれば、苦情内容として「要介護の認定を受けたが、担当の介護支援専門員が決まらず困っている」「家族が介護老人福祉施設に入所となり、衣類の準備等について施設の介護職員とやり取りをしているが、言葉遣いや対応の悪い介護職員がいる」といった事例が紹介されている。

「理不尽」な介護サービスを受けている「疑念」があれば、このような相談機関に出向いて、しっかりと主張することが安心した高齢者の介護生活につながることになる。

第6章

団塊ジュニア世代の介護危機

1　人口減少社会と介護問題

団塊世代と団塊ジュニア世代

一般的に「団塊世代」とは１９４７〜49年に生まれた世代で、堺屋太一による小説『団塊の世代』（堺屋太一『団塊の世代』講談社、１９７６年）が由来とされている。この世代層は3年間で約８００万人が出生し戦後の日本を牽引《けんいん》してきた世代だ。一方、団塊ジュニア世代は１９７１〜74年に生まれた世代と言われ、4年間で約８００万人の出生数となっている。

当面の介護施策の節目として、２０２５年が団塊世代の全てが75歳となる時期と言われてきた。「介護格差」を考えた場合、「世代間格差」の問題を忘れてはならない。つまり、団塊世代と団塊ジュニア世代とでは条件が大きく異なるということだ。

団塊世代は、介護対策を上手に講じれば、もしかしたら逃げ切れるかもしれない。しかし、団塊ジュニア世代以降の「介護生活」は全く未知数と言わざるをえない。なぜなら、財政上の問題から介護保険サービスの抑制策が実施される可能性が高く、介護保険制度が利用しづらく

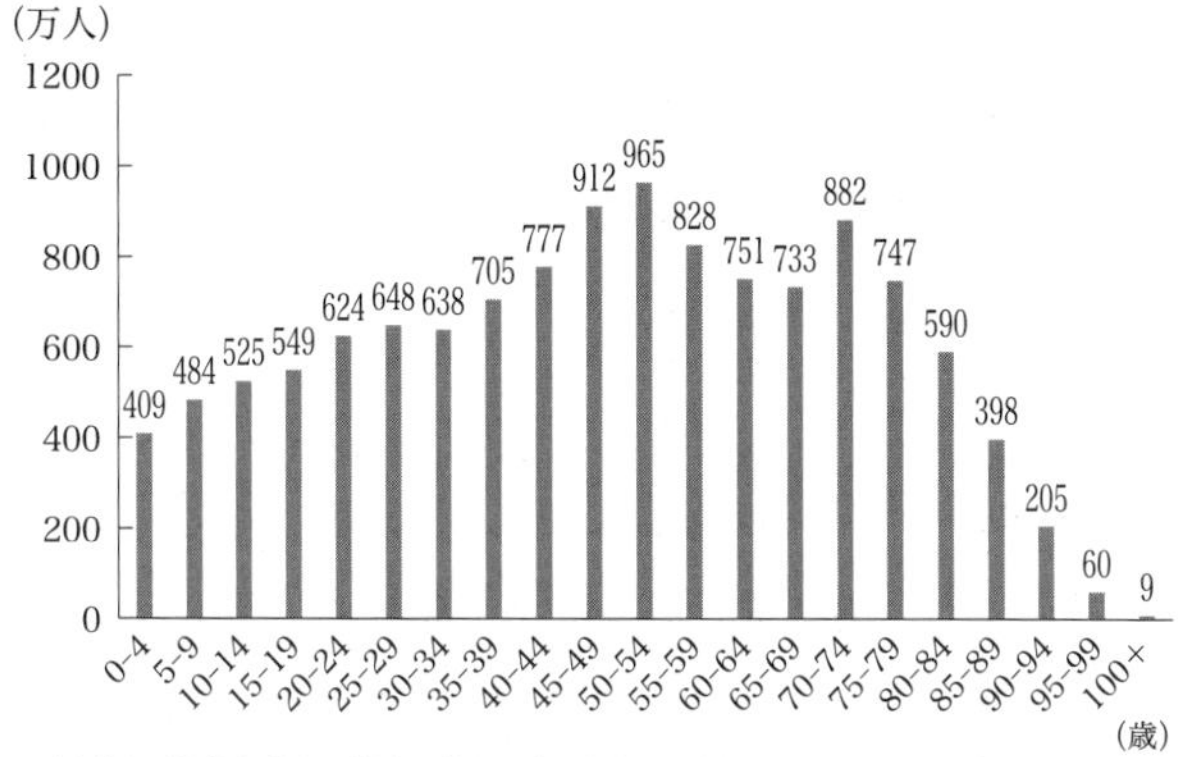

（出典） 総務省「人口推計の結果の概要」(2023年10月1日)より作成

図6-1 年齢5歳階級別の人口数(2023年10月現在)

なっていくことが想定されるからだ。

また、団塊世代の多くが要介護者となる２０３５年から２０４０年にかけては、団塊ジュニア世代が60〜70歳と未だギリギリ社会で現役として活躍している可能性も小さくない。しかし、団塊ジュニア世代の老後は、超少子化によって現役で働く層が圧倒的に減少し、介護職員不足も相まって、地域によっては介護資源が「枯渇」しかねない。

図６‐１は年齢（5歳階級）別人口数であるが、45〜54歳の年齢階層で約１９００万人を占めている。本書では、通念とは異なりこの世代層も含めて「団塊ジュニア世代」と定義する。今後、これらの世代全てが85歳以上となる２０５５〜65年、要介護者の生活は想像を絶する状況であろう。

DXへの期待と課題

もっとも、団塊世代においても、今後は介護職員不足がさらに深刻化して、安心した介護サービスは利用しづらくなるに違いない。そこで、ICT機器、介護ロボット、介護機器などDX(Digital Transformation:デジタル技術の活用を通して生活やビジネスを変革すること)の技術開発によって、少ない介護職員数であっても対応可能となることへの期待が高まっている。

しかし、この先、10~30年間といったスパンで深刻化する介護職員不足を代替できる技術開発が見込めるだろうか。現在を起点として30年前の社会を思い返してみれば、容易に技術開発の進捗《しんちょく》状況を予測することができる。例えば、1990年代初頭と比較して、対人サービスの技術開発は、どの程度進歩したであろう。

筆者は、直に人が絡む対人サービスにおいて画期的な技術開発は見受けられていないと考える。確かに、コンビニ等の販売業における会計システムにおいては、かなり機械化、オートメーション化が進んだ。しかし、これらはあくまでも対人サービスの補助的な技術開発であって、30年前と変わらず基本的には店員らが対応している。

一方でICT機器、交通手段、インターネット、パソコン、オンライン、AI(人工知能)、ペーパーレスといった分野での技術開発は飛躍的である。今後、対人サービス業においても、さらなる技術開発によって人手不足の打開策となることを大いに期待したい。しかし、10年後、もしくは20年後、全くの無人コンビニやレストラン店舗などが全国的に普及するほどまでの技術開発すら難しいのではないだろうか（せいぜい無人レジ・会計が一般化する程度であろう）。

要するに介護現場においてもＤＸによって業務負担が軽減されることを大いに期待はしたいのだが、現在10人で従事している業務が８人で済む、とはならないと考える。一定の業務負担の軽減はあっても、介護は人が中心となる業界で、その効果は限定的であろう。

そのため、このまま経済政策や労働政策の変革によって介護人材不足の抜本的な打開策が見出されない限り、多くの団塊世代が要介護状態となる可能性がある時代は極めて厳しい状態となっているだろうと言わざるをえない。

40年後も未知数

一方、多くの団塊ジュニア世代が要介護者となる40年後には、どの程度まで介護業界のＤＸ化が進んでいるであろうか。もしかしたら、少ない人員でも一定の介護サービスを提供できる水準まで、技術開発がなされているかもしれない。しかし、それは「期待」であって「確証」とまでは言い切れないと考える。

繰り返すが、30年前の技術開発のプロセスを考えれば、40年後に介護ロボット(機器)が、現在の介護職員が担っている排泄介助、入浴介助、食事介助などの複雑な工程を、どれだけ代替できているかは、やはり未知数なのである。もっとも、介護サービスの質を低下させるのであれば話は別であるが。

2　年金格差

保険料と給付額

「年金問題」について考えた場合でも団塊世代と団塊ジュニア世代とでは、保険料と給付額とでの世代間格差は顕著である。少し古いデータとなるが、当時から厚労省において、これらの差異について検証されていた(厚労省「平成21年財政検証関連資料」2009年)。例えば、団塊世代直後の1950年生まれの人が支払う保険料額は国民年金で500万円、生涯受け取る給付額は1300万円と試算されている(表6-1)。しかし、1970年生まれの保険料額1000万円に対して給付額は1500万円にすぎない。

もっとも、団塊世代と団塊ジュニア世代とでは高齢者雇用の側面で違いがあり、そこは考慮する必要はある。多くの団塊ジュニア世代層は少なくとも再雇用であったとしても65歳定年、非正規職員であれば70歳まで働くことを想定している者も少なくない。もしくは70歳を過ぎても、元気なうちはアルバイトでも稼ぐことを考えている人もいるだろう。しかし、多くが80歳過ぎには要介護(要支援)状態となるため、そこからは就労収入は見込めず年金給付や預貯金などを頼りに介護生活を考えていかなければならない。

昨今、物価高騰で一部の層を除いて多くの高齢者世帯の家計が厳しい状況となっている。年金給付額は物価変動によって調整されているものの、充分ではないとの声が多い。

公的年金制度を損得勘定で考えるべきでないとしても、団塊世代と団塊ジュニア世代との格差は明らかである。しかも、これらの差は年々拡大していることを見過ごすことはできない。

表6-1　世代ごとの国民年金の保険料負担額と年金給付試算額(2009年財政検証)

(万円)

年生	保険料負担額	年金給付額(65歳以降分)
1940	300	1400
1950	500	1300
1960	700	1400
1970	1000	1500
1980	1200	1800

(出典)　社会保障審議会年金部会(第15回)「平成21年財政検証関連資料(1)」(2009年5月26日)より作成

年金給付額は目減りする

また、年金と介護は表裏一体の側面があることも忘れてはならない。第1章でも触れたが、65歳以上の介護保険料は、年金給付から一部を除いて自動的に引かれる。介護保険料は3年おきに引き上げられるため、手取りとなる年金給付額は目減りしていくのである。しかも、医療保険料も同様に年金給付から自動的に引かれ2年おきに引き上げられるため、手取りが目減りしていく。したがって年金給付額は、こうした介護保険料及び医療保険料とセットで考えねばならない。

つまり、団塊世代が年金給付額から引かれる医療保険料及び介護保険料と、団塊ジュニア世代が65歳以上となった時の両保険料には大きな差が生じるのである。超少子化社会によって、団塊ジュニア世代のほうが明らかに手取りの年金給付額が目減りしていくと予想される。

例えば、繰り返すが、65歳以上の第9期(2024年4月〜27年3月)介護保険料は、全国平均基準額で毎月6225円である。しかし、財務省資料によれば2040年度には毎月9200円まで上がると試算されている(財務省「資料:社会保障」2023年11月1日)。

現在の年金制度は「マクロ経済スライド」方式によって給付額が決定されている。本書は年金問題を扱っている書ではないため詳細な解説は省略するが、簡単に説明すると、賃金や物価変動を調整して年金の給付水準が決定される。しかし、この方式は定期的に引き上げられる医療保険料や介護保険料を加味したものではないため、結果的に手取りである年金給付額は目減りすることになるのである。

3　団塊ジュニアと親の介護

ケアラー（家族介護者）とは

両親の介護が必要となれば、何らかの対応をしなければならない。そこで、家族介護者である、いわゆる「ケアラー」について考えてみよう。

埼玉県では、全国でいち早く2020年3月「埼玉県ケアラー支援条例」が制定された。本条例2条（定義）において、ケアラーとは「高齢、身体上又は精神上の障害又は疾病等により援助を必要とする親族、友人その他の身近な人に対して、無償で介護、看護、日常生活上の世話その他の援助を提供する者をいう」と明記されている。高齢者に限らず、障害児・者、医療的ケア児・者、高次脳機能障害、難病の方などの介護や看護を行う者を「ケアラー」とし、条例に照らすと「無償」で介護を担っていることを意味する。

埼玉県においては、ケアラーの性別は「男性」22・2％、「女性」76・9％であり、年代別では50代以上が全体の三分の二を占めているという。また、ケアの内容としては、複数回答として、「買い物、食事の用意や後片付け、洗濯、掃除などの家事」が83・8％、「通院の援助」が79・0％。「役所や事業所等との連絡や書類などの諸手続き」が78・5％、「本人の気持ちを支えるために、話しかけたり、そばにいたり、見守りをしている」が68・1％など、多岐にわたっているようだ（埼玉県「埼玉県ケアラー支援計画令和3年度〜令和5年度」2022年3月）。

ダブルケア

現在、男女共同参画の進展によって女性の「晩婚化」「晩産化」傾向が加速化している。厚労省のデータによれば、1975年に妻の初婚平均年齢は24・7歳であったが、2019年には29・6歳となっている。また、2022年に女性が第1子をもうける平均年齢は30・9歳となっており、1975年の25・7歳と比べると、かなり上がっている。

このような「晩婚化」「晩産化」傾向によって、18〜22歳といった大学生の子を持つ親世代が50歳を超えることは珍しくなくなった。そして、50歳を超える者にとって親世代が75歳を超えてくると、「介護」のリスクが間近に迫ってくる。

つまり、「晩産化」は必然的に自分の親の介護と、子どもの高等教育費問題が同時にふりかかる層を増やすことになる。これらを一般的に「ダブルケア」というが、一部は、親の介護のために自分の仕事を辞めなければならない「介護離職」といった状況に陥る者もいる。

借金が増える孫世代

もっとも「介護離職」にまで陥らなくとも、介護費用が増えることで孫世代である大学生は、その親からの支援金が減額されることとなり、自らアルバイト時間を増やさねばならないケースも多くなる。

文科省データによれば、2023年3月18歳人口に占める大学進学率は57・7%となっており(文部科学省「令和5年度学校基本調査」2023年12月20日)、高校生のうち2人に1人以上が4年制大学に進学する時代となった。これらの学生のうち日本学生支援機構などといった返済義務のある貸与型奨学金を利用している学生も多く、卒業後に200万〜500万円と借金を抱える新社会人も少なくない。

結果的に借金を抱えた新社会人が増えることは、社会の経済活力にも影響を及ぼすことになる。併せて結婚志向の若者を減少させることにも繋がり、間接的に少子化対策にもマイナスとなる。いわば介護問題は大学生にとっても身近な問題となっているのである。

シングル介護

かつて「パラサイトシングル」といった言葉が流行ったことがある。社会人となっても、親の脛《すね》をかじり実家から出ず親と暮らし続ける娘や息子たちである。そして、これらパラサイトシングルらが50歳、60歳となっても未婚のまま親と暮らし続けると、やがて「シングル介護」に直面する可能性が高くなる。たとえ兄弟姉妹がいても、実家に親と住み続ければ、当然、同居の子が親の介護を担うこととなる。まして、一人っ子で親が年老いてくれば当然の成り行きだろう。離婚して実家に戻った子のいない娘なども該当するであろう。

このような、息子や娘がほぼ1人で親の介護に関わることを「シングル介護」と呼ぶ。今後、このようなケースは団塊ジュニア世代を中心に増えていくことは間違いない。なぜなら、この世代は50歳時の未婚割合が高くなり男性約28％、女性約18％が未婚であるからだ(図6-2)。

つまり、これらの層においても、親の介護を担うか否かで人生設計が大きく変わっていくことになる。特に、在宅介護で親を看取っていこうとすると、家族介護者の負担は増すばかりだ。そして、認知症介護となると「介護離職」に直面する可能性もいっそう高くなる。

筆者の知り合いのケアマネジャーに聞いたのだが(2023年11月1日)、担当していたケースで以下のような事例があったという。

介護保険サービスを使い始めた当初、要介護2の母親（85歳）と息子（57歳）の2人暮らしであった。会社員の息子は朝から夜遅くまで仕事に従事していたため、日中はほぼ独居状態であった。週4回デイサービスを利用していたが、16時半に帰宅した後も3、4時間は要介護者の母親は1人で過ごす日々であったという。このような介護生活を約3年間は続けたそうだが、息子は定年を機に仕事を辞めて母親の介護に専念するようになったという。再雇用となれば65歳まで働き続けられたのだが、延長はしなかったという。しかし、年金が満額支給されるまで5年間あったので、それまでは預貯金と親の年金などで生活していたようである。

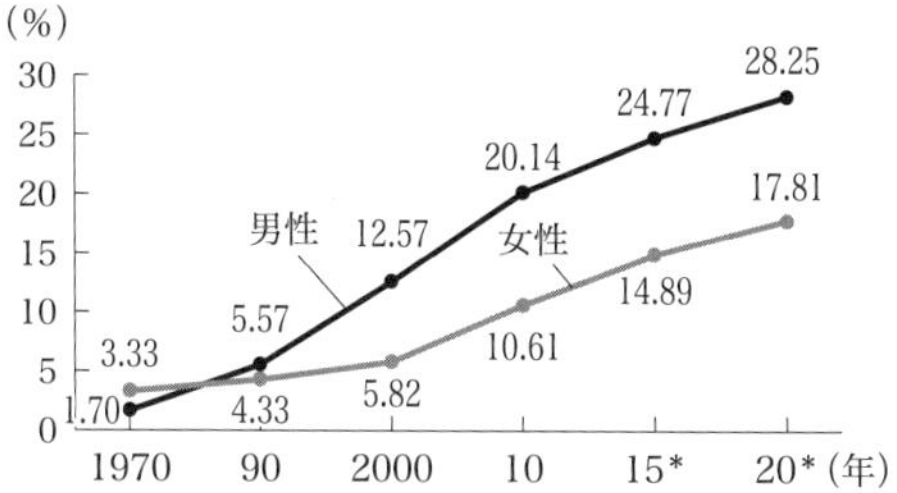

（出典）　国立社会保障・人口問題研究所『人口統計資料集(2023)改訂版』(2023年4月26日)より作成
＊不詳補完値に基づく

図6-2　性別50歳時未婚割合の推移

多重介護

1人の介護者（家族や親族）が数人の要介護者を介護する「多重介護」という問題にも、多くの団塊ジュニア世代は直面していくことになるだろう。典型的なケースとしては、未婚の一人っ子の両親ともが要介護者となれば、1人で2人の介護を担わなければならない。

また、夫婦であっても、例えば、高齢両親のうち先に父親が要介護状態となり、しばらくして配偶者である母親も要介護状態となり、つづいてもう片方の両親も同様に介護が必要となれば、最悪夫婦2人で4人の親の介護に直面することになる。昨今、一人っ子同士で結婚するケースもあるため、夫婦2人で少なくとも2～4人の要介護者を看ることは決して稀なことではない。

家族介護者の格差

もちろん、団塊世代自身でも現在、「介護」に直面している者もいるだろう。75歳前後であれば、配偶者もしくは親の介護に携わっている者も多いかもしれない。しかし、団塊世代における家族介護者と、いずれ増えていく団塊ジュニア世代とでは、明らかに兄弟姉妹の人数に差がある。つまり、家族介護力という視点からしてすでに「介護」問題において格差が生じているのである。

ひと昔前の大家族ならともかく、核家族化が進み家族機能も減退した現在では、限られた家族で多くの医療・介護負担を抱えることとなった。あわせて一部の地域を除けば、在宅介護資源は充分とはいえず、より家族介護の負担が増している。

家族介護者の集いの場

兵庫県西宮市にあった「家族介護者の集い」(つどい場さくらちゃん)を訪ねた(2022年12月27日、2024年3月末で解散)。ケアラー支援を20年前から実施していた丸尾多重子さんに話を聞くためだ。

彼女は、自らの介護経験を基にケアラー支援の重要性に早くから気づき、その活動に取り組んできた。具体的には「家族介護者の集い」をNPO法人化して、20年も続けてきた。「介護している家族がひと息つけるような場を提供したい」という。多くの人から丸尾さんは「まるちゃん」と呼ばれ家族介護者らから慕われていた。1月1日であっても活動を実施しており、ケアラーが「孤独」にならないようにと、常時、食事会など(コロナ禍を除いて)を開催していた。

丸尾さんが心掛けている点は、家族介護者の声の「傾聴」だという。例えば、彼(女)らは、日中、要介護者である親族がデイサービスを利用している時間帯に集まった。その際、丸尾さんは利用している家族介護者の方々の話を聞くだけなのだが、それが重要な支援だったという。

料金は1日1000円程度で食事ができ、食材などは利用者が持ち寄るシステムであった。

ときには、夜に飲みに行ったりすることもあったようだ。そして、要介護者と家族介護者同士で旅行に行く企画も実施されていたという。

増えている男性家族介護者

このような会に参加する家族介護者は女性が多い。妻が夫の面倒をみるケースも多く、女性のほうが家族介護者になりやすい。しかし、年々、男性家族介護者も増えてきており、参加者に占める割合が高くなってきているという。丸尾さんの印象として、男性介護者は勤め人だった経験から介護を仕事のように捉える傾向があり、手抜きをしない人が多いのではないかという。

いずれにしろ、家族介護者らは、日々、親や配偶者の介護に従事して孤立してしまう可能性があり、「いつまで介護が続くのか?」「どうして自分だけが「孤独」に介護をしているのか?」といった気持ちに陥りがちとなる。その意味では、「介護」は肉体的に疲労するよりも、精神的に孤立化するほうが危険ではないかというのである。

このような家族介護者の集いは、全国的に増えてきてはいるが、どの地域にもあるわけではない。会を維持するための経済的側面に課題があり、自治体や社会福祉協議会などの助成金制度などで運営されているケースもあるが、未だ充分な資金源とはなっていない。丸尾さんのような志の高い人々の善意で運営されている事例が多い。家族介護者間の交流の場は重要な社会資源であり、それによって家族介護力も高まることから、在宅介護の推進のためにも公的助成金の拡充が期待される。

4　注目されるヤングケアラー

介護がもたらす児童間格差

こども家庭庁のホームページによれば、「「ヤングケアラー」とは、本来大人が担うと想定されている家事や家族の世話などを日常的に行っているこどものこと。責任や負担の重さにより、学業や友人関係などに影響が出てしまうことがあります」と記載されている。

つまり、本来、大人が担うべき「家事」「介護」「家族の世話」などを日常的に担っている18歳未満(高校生以下)といえるだろう。ただ、大学生や20代の若者も「ヤングケアラー」に近接した層と認識できる。

お手伝いとの差異？

もっとも、「小さいのに兄妹姉妹の面倒をみる」「一部、祖父母の介護を担う」「皿洗い、買い物、家の掃除、洗濯など」を、小学高学年生及び中・高校生が担うことは、通常の家庭でも珍しいことではない。これらも「ヤングケアラー」といえるのだろうかと、疑問に感じる人もいるだろう。昭和であれば「家の手伝い」をすることはあたりまえで、何ら社会問題化されることではなかった。

千葉県調査研究委員会に携わる

筆者は、２０２２年4月〜２０２３年3月にかけて、千葉県の調査研究委員会委員長として「ヤングケアラーの実態調査とその支援に関する調査研究」に関わった。本調査研究は千葉県及び地方自治研究機構との共同研究事業であった。調査実施期間は２０２２年7月8日(金)〜8月5日(金)で、調査方法としては、郵送にて学校長あて文書と児童生徒・保護者あて依頼文を各学校に送付し学校経由で配布してもらった。

本調査の中で興味深い結果として、「日常生活における影響」(セルフケアの状況)についての結果を紹介したい。小学6年生及び中学2年生対象に「自分が食べるためのごはんをつくること」という問いに対して、家族の世話をしているか否かで差が生じていた（表6-2）。

確かに、自分の身の回りのことに責任をもつことは重要ではあるが、その頻度が「毎日」という実態は問題視しなければならないと考える。特に、小学6年生が「毎日」自分の食べる食事を自らつくっているケースは、多少、「ネグレクト」（育児放棄）に近い状態を想像せずにはいられない。

このような児童においては、日々の食生活、健康管理について危険視しなければならない。小学6年生が家族の身の回りのお世話や家事などに追われると同時に、自分の食事もつくって

表 6-2a 小学6年生における「自分が食べるためのごはんをつくること」
（世話している家族の有無別）
（%，単数回答）

	世話有	世話無
ほぼ毎日	11.3	4.4
週 3-4 回	7.7	3.9
週 1-2 回	15.2	11.1
月 1-2 回	15.2	16.6
ほぼない	45.8	61.7
無回答	4.8	2.4

＊小数点処理で計 100% ならず

表 6-2b 中学2年生における「自分が食べるためのごはんをつくること」
（世話している家族の有無別）
（%，単数回答）

	世話有	世話無
ほぼ毎日	10.9	5.1
週 3-4 回	8.3	4.1
週 1-2 回	15.8	12.8
月 1-2 回	17.3	19.9
ほぼない	46.7	56.5
無回答	1.1	1.5

＊小数点処理で計 100% ならず

（出典） 千葉県・地方自治研究機構「ヤングケアラーの実態調査とその支援に関する調査研究報告書」（2023 年 3 月）より

いる実態が浮き彫りとなっている。

セルフケアの視点

筆者は、児童生徒を「ヤングケアラー」かどうかを判断する1つの尺度として、「セルフケア」の度合に注目したい。実際、学校現場では「ヤングケアラー」に関してアセスメントシートを配布することなどが試みられている。

例えば、厚労省は『多機関・多職種連携によるヤングケアラー支援マニュアル』（令和3年度子ども・子育て支援推進調査研究事業、2022年）の中で、いくつかのチェック項目を挙げている。これら既存のアセスメントシートの項目を参考にしながら、「セルフケア」の具体的な内容、頻度などを質問項目に盛り込むことで、児童生徒の実態をかなり把握できるのではないだろうか。

先の千葉県調査においては、既述のように「自分が食べるためのごはんをつくること」といった質問項目を設定しているが、さらに実態把握をしやすくするため、質問項目を増やすことも考えていくべきである。

実際、小学6年生、中学2年生に、お世話をしている状況や被介護者への対応を直に聞いてみたとしても、必ずしも的確に回答しているとは限らない。むしろ、「セルフケア」の度合や頻度を聞くことで、「ヤングケアラー」の児童生徒らを顕在化させていけると考える。また、児童虐待である「ネグレクト」のケースを発見できることにもつながるかもしれない。

外国人のシングルマザー

ヤングケアラーは、外国人の母親を持つ児童の問題とも関連する。調査を通して国際結婚によって生まれた児童が、母親の「通訳」に追われ自分の時間を使えずにいるケースが見受けられた。父親は日本人ではあるが、母親は日本語が片言しかできない。しかも、このようなケースでは離婚していることが多く、単純労働に従事しているシングルマザーとなっている場合が多い。父親はどこかに行ってしまい養育費も支払わず消息がない。

特に、幼い兄弟姉妹がいると、小学6年生や中学生の兄姉が家庭の世話をしなければならない。適宜、日本語が堪能でない母親の代わりに外部との交渉や手続きなどに時間が割かれてしまう。このようなヤングケアラー問題は、グローバル化によって日本社会が外国籍の方々との関連が深くなっていることの象徴的な表れである。

ケアラー支援と介護保険

その意味では「介護保険」の理念を、要介護者及び同居家族支援といった方向に変革していく必要がある。いわば「ケアラー支援」の理念を踏まえた介護保険にしていくべきである。

具体的には、①同居家族がいるかいないかにかかわらず、「生活援助」が必要とあれば利用できる。②ヘルパーの「食事づくり」においても、同居家族が働いていたり、勉学している学生がいるならば、家族の分も調理可能とする。③必要とあれば、要介護者と同居している家族の部屋や洗濯なども可能とする。以上、訪問介護サービス(生活援助)による現行の制約を緩和させるべきである。現行では1回あたり、身体介護20分未満、20~30分、30~60分、60分以上に対して、生活援助では20~45分、45分以上しかない。

そして、このようなケアラー支援に基づく制度にしていくのであれば、「生活援助」において1回のケア時間も90~120分以上とするなどして、介護報酬改定も合わせて講じていかなければならない。同居家族の生活支援をするには、一定のケア時間がかかるからだ。

5　仕事と介護の両立格差

ビジネスケアラーによる経済損失

総務省のデータによれば、2022年時点において親などの介護・看護のため過去1年間に前職を離職した「介護離職」が10万6000人となった。2017年調査時点と比べて7000人増加している。2015年、第2次以降の安倍政権による「新・三本の矢」の一環で、30本目「安心につながる社会保障」の中の「介護離職ゼロ」というスローガンの下ではじまったのだが、あまり成果はみられていない。

2022年時点で介護をしている者は629万人であるが、このうち有業者は365万人となっている(「令和4年就業構造基本調査」)。経産省は、これら有業者で介護に携わる者を「ビジネスケアラー」と位置づけ、このまま抜本的な対策が進まなければ、2030年には約9兆2000億円の経済損失が生じると試算している。

繰り返すが、「仕事と介護の両立」に困難な従業員が増えていくと、業務効率が悪くなり企業の業績に悪影響を及ぼす。そして、既述のように「介護離職」が増えると生産年齢人口減少社会において貴重な労働力を失うこととなり、さらなる経済損失が生じてしまいかねない。

介護休業の充実

「介護離職」に陥らないために、まずは介護休業の取得率の向上を目指すべきである。介護休業とは、２週間以上の期間、常時介護が必要な対象家族（要介護認定を受けていなくてもよい）を介護するため労働者に取得が認められている休業制度である。対象家族１人につき93日まで、３回まで分けて取得することが可能だ。また、休業中は雇用保険から介護休業給付金を受けられる仕組みである。

しかし、２０２２年度に介護休業を取得した者がいた事業所の割合は、わずか1.4％に過ぎなかった。しかも、２０１９年度の2.2％を大きく下回った。

いっぽう２０２２年度男性の育児休業率は17・13％となっており、前年度13・97％を大きく上回っている（「令和４年度雇用均等基本調査」）。子育て支援における「休業」に関しては、企業内での理解が浸透しつつあり推奨される傾向にある。しかし、親の介護のために仕事を休むといった社内風潮は未だ薄い。まして、介護に直面する労働者は50歳過ぎの管理職層が多い。その意味では、課長や部長などが休業するとなると職責を果たしていないと見られる価値観が、未だ社内外で浸透しているのではないだろうか。

どの企業でもあたりまえのように介護休業を取得できる社内環境が浸透し、「介護離職」防止策が進まなければ、社会的な経済損失は甚大となる。もはや、「介護」は認知症患者や要介護者の問題だけではなく、経済政策の一環で考えていかなければならない。

介護離職の実態

繰り返すが、親の介護のために仕事を辞めてしまう「介護離職」防止策は、労働政策及び経済政策の視点から重要である。「仕事と介護の両立」があたりまえの社会でなければ、70歳現役社会は実現することはできない。

筆者が主査として関わった調査報告書(日本経済調査協議会「「介護離職」防止のための社会システム構築への提言書――中間報告～ケアマネジャーへの調査結果から」2019年6月5日)において、ケアマネジャー事業所783か所から回答を得て「介護離職」の実態を明らかにした。それによると、「介護離職者がいる(いた)」と回答した事業所のうち、「働き方をかえたら、介護離職を防げたと思われる」利用者(の家族介護者)がいたというのが42・4%であった。

なお、同報告書の調査にて、次のような事例があったので簡単に紹介しておこう。中川法子さん(仮名)という女性高齢者のケースであった。数年前、夫と死別し、独り暮らしとなったが、ある日、転倒によって右足を痛め後遺症が残り介護保険を申請して要介護度1という認定となったそうだ。そして、デイサービス利用を中心に介護生活が始まった。

これを機に別居していた長女は、月2回ぐらい泊まりがけで母親の受診同行や身の回りの世話のために介護することになったようである。そして、中川さんには徐々に認知症の症状が出はじめ、薬の飲み忘れや「火の始末」などができず鍋を焦がしてしまうようになったそうである。

さらに、中川さんは高額な布団や必要のないサプリメントなどを買ってしまっていることもわかった。長女も気をつけるように注意をしていたのだが、独居の介護生活が難しい状況になっていった。このように中川さんの状況が悪化したため、長女は仕事を辞めて、日々、通いの「介護」に専念することを決断した。

なお、長女が仕事を辞める最大の決め手は、何度か鍋を焦がしてしまい自宅が火事になることを心配し、「周囲に迷惑をかけるくらいなら自分が仕事を辞める」といったものであった。担当ケアマネジャーは介護保険サービスを増やすなどの提案をしたようだが、長女の不安感は拭えず「介護離職」に至った。

6　先進的な企業

大企業を訪ねる

２０２３年9月6日、筆者は東京・新宿に本社がある大成建設を訪ねた。この企業は「仕事と介護の両立」に会社全体で取り組み、さまざまな実践を通して「介護離職」防止のための仕組みを設けている。会社組織として本格的に２０１０年度から取り組みがなされ、既に10年以上の実績のある企業である。

そもそも、会社として40～60代の社員が「介護」を理由に退職してしまうと大きなマイナスと考え、今後さらに「仕事と介護の両立」に苦労する社員が増えていくと想定されるため、積極的に取り組むようになったそうだ。具体的には社員向けの「介護セミナー」「相談窓口(相談によるアドバイスもしくはカウンセリング)の整備」「介護のしおり(介護関連のパンフレット)作成」などの取り組みがなされている。

特に、ケアマネジャー向けの「仕事と介護のリーフレット」を作成して、例えば、息子である社員が親の担当ケアマネジャーへ情報提供できる専用シートが配布されている。そこには、大成建設における「介護休暇」「年次休暇」「勤務時間の融通性」「息子(社員)の介護に関する考え・希望」「息子(社員)の業務内容」などの記載項目が盛り込まれている。

このような独自シートを社として介護相談のあった社員へ渡して作成を促し、ケアマネジャーとの情報交換に役立てることで、仕事と介護の両立を考慮したケアプラン作成に繋げてもらいたいと考えているという。社員である息子が親の担当のケアマネジャーに、自分の会社や仕事の状況を伝えやすくなるようだ。

浸透しつつある介護課題

同社では10年以上「仕事と介護の両立」を社内啓発し、相談機能の活性化、休暇制度の創意工夫などの取り組みを実践してきた。そのことで、介護問題を身近に抱える社員がかなり顕在化してきたという。課長などの管理職であっても家族介護のために、一定の介護休暇を取得する社員事例も増えてきており、着実に介護問題を社内で共有できる体質になってきているとのことであった。

他にも介護と仕事の両立を考えている企業はいくつか散見されるものの、未だ非常に少ない。しかし、明らかに人口減少社会の中で65歳定年を目指し、合わせて再雇用などで70歳現役社会を目指さなければ、企業も労働力確保がままならない。

社会全体で親の介護などによる「介護離職」を防止し、経済活動の維持・進展という視点からも「介護」問題を認識する必要がある。しかし、繰り返すが大成建設のような企業は未だ少なく、働く団塊ジュニア層にとっても仕事と介護が両立できる環境にいるか否かの格差は大きい（むしろ、これら両立に関しては厳しい環境であることは言うまでもない）。

7　家族介護者における世代間格差

世代間で異なる家族介護

これまで論じてきたように、家族介護者の視点から「介護」を考えた場合、世代間によってかなりの差が生じている。

1970年から90年代にかけて、在宅介護では50〜60歳代の主婦（嫁）層を中心に介護を担う傾向にあった。当時、在宅介護サービスの量は限られており、その負担はかなり厳しいものであった。多くの夫は仕事を口実に、妻に介護を任せることも珍しくなく、社会問題にもなっていった。介護施設も少なかったため、在宅で看ることができなければ、俗称ではあるが「老人

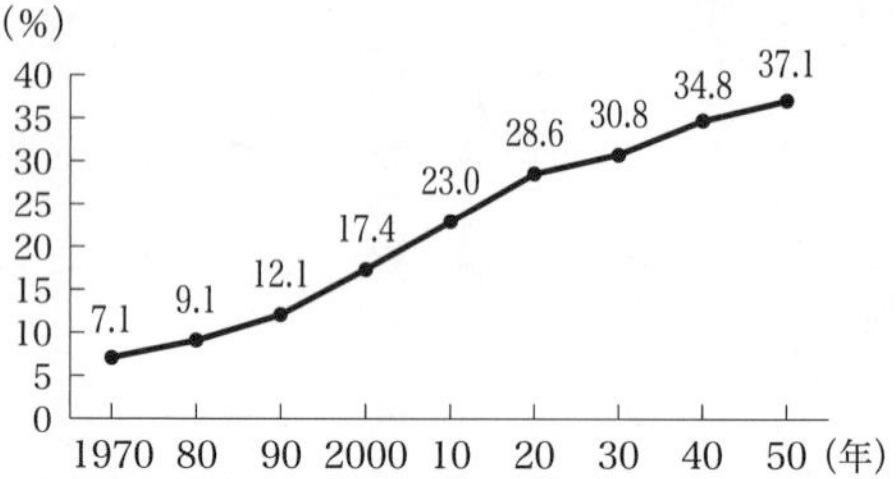

（出典） 内閣府『令和5年版高齢社会白書（全体版）』（2023年7月）より

図6-3 高齢化率（65歳以上人口割合）の推移と将来推計

病院」といった「社会的入院」によって介護施設の機能を代替させる光景も見受けられた。しかし、「老人病院」でのケアはかなり問題があり、「人権軽視」との評価もなされるほどであった。もっとも、高齢化率は10％前後であり（図6-3）、全ての50～60歳代の主婦（嫁）層が「介護」に携わっていたわけではない。

そして、２０００年に介護保険制度が創設されて以降、家族介護者の負担も一定程度は軽減されていった。介護サービスの供給量も増え、介護施設においても特養のみではなく、サ高住、有料老人ホームなどといった社会資源も増え、拡充されていった。

しかし、２０１０年以降の家族介護者の様相は、１９７０年代とは様変わりし、例えば、妻や嫁といった女性のみではなく夫や息子といった男性介護者も一定の割合となっていく。そして、平均寿命が伸びたことも相まって、高齢化率も20％を超える程度となった。誰もが親の介護を意識するようになり、同時に「仕事と介護の両立」が大きな課題となっている。

しかし、団塊世代の全てが65歳を過ぎた2015年以降からは全産業で人手不足が顕著となり、介護職員不足の深刻さが際立つようなった。そのことで、既述のように介護保険制度が利用しづらくなっている。

このまま抜本的な政策・施策が展開されなければ、2030〜2040年代の家族介護者たちは、これまで以上に厳しい介護問題に直面するに違いない。

介護保険創設時とのギャップ

2000年に介護保険制度が創設された時、世間では「介護の社会化」などと言われた。確かに、介護保険制度によって一定の「介護の社会化」は達成されたであろう。介護が必要となれば、何らかの介護サービスは社会保険制度を媒介に安価な自己負担で享受できる。しかし、創設から24年が過ぎて「介護の社会化」は、再度、家族介護者への負担感が増しているのではないだろうか。

今後、「自己責任」で介護生活を迎えねばならない時代が到来するであろう。

第7章

厳しい2024年改正介護保険

1　禍根を残す2024年改正

抜本改正とは程遠い

2024年4月から改正介護保険法が施行されたのだが、介護従事者及び事業所にとって、必ずしも中身が充実した変革ではなかった。介護サービスを提供する側が厳しい環境では、利用者も良質なサービスを享受することは難しくなる。本章では、やや介護従事者に沿った内容ではあるが、一般読者の方も制度・政策の理解を深める意味でお付き合いいただきたい。

2035年に団塊世代がすべて85歳以上となるまでに10年足らずしかない中、正直、抜本改正とは程遠い内容であった。確かに、利用者にとって制度が大きく変わる改正ではない。当初は、介護保険サービス2割自己負担層の拡充、要介護1・2における訪問介護及び通所介護の給付抑制、ケアプランの有料化など、負担増や給付抑制の可能性もあった。しかし、とりあえず現状維持となった。ただ、若干の制度改正はなされているため、まずは利用者の立場から主な内容を述べておこう。

老人保健施設等の自己負担増

２０２５年８月から一部の老人保健施設（老健）や介護医療院の部屋代（居室料）として「多床室」（相部屋）において、低所得者を除き月８０００円程度の負担増となった。「介護医療院」とは長期的な医療と介護の両方を必要とする高齢者の施設である（第３章参照）。もっとも、施設といっても医療機関としての側面が強い機関である。

従来から「個室」においては居室料が一定程度徴収されていたが、「多床室」（相部屋）では負担がなかった。既に特別養護老人ホーム（特養）では２０１５年８月から「多床室」（相部屋）の負担増が導入されていたため、今回の改正で同様となった。

福祉用具の「選択制」導入

介護保険においては、原則、「車椅子」「ベッド」「杖」などといった福祉用具は「貸与」が前提であった。しかし、２０２４年改正介護保険によって、利用者の「選択」に基づいて一部「販売」（購入）もする仕組みが導入されている。借りて使うか、買って使うかを利用者が「選択」できるような仕組みになった。

①固定用スロープ

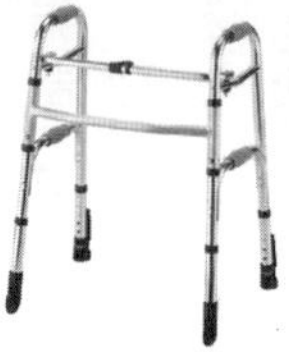

②歩行器

③単点杖　④多点杖

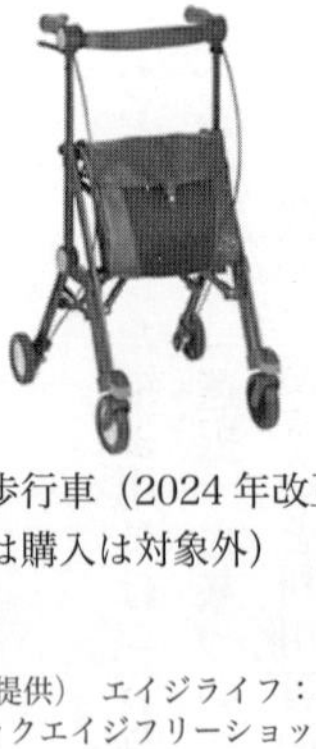

⑤歩行車（2024年改正では購入は対象外）

（写真提供）　エイジライフ：パナソニックエイジフリーショップ城北より

写真①～④をご参照いただきたいが、対象となる福祉用具は、①「固定用スロープ」、②「歩行器」、③「単点杖」、④「多点杖」の4つである。ただし、今回は「歩行器」のうち「⑤歩行車」は対象外とされ、「単点杖」のうち松葉杖は除かれている。

「選択制」となった理由は、これら福祉用具の平均貸与期間が長い傾向にあり、結果として購入したほうが利用者負担額は軽減されるということである。

どちらを「選択」するかは、ケアマネジャーまたは福祉用具専門相談員（福祉用具事業所側の専門職）が、サービス担当者会議を通じて利用者に対し「販売」か「貸与」の提案を行い、利用者の合意に基づき方針を決定することとなっている。

2　介護事業者には期待外れ

誤解される介護報酬引き上げ

2024年介護報酬改定率は＋1・59％で決着した。「介護報酬」とは、介護保険サービスにおける「値段」であり、これらが引き上げられれば介護事業所の収入が増える仕組みとなっている。なお、報酬は1単位10円換算となっており地域によって若干異なることもある。

この報酬改定で「介護人材処遇改善加算」（介護職員の賃上げのため財源措置）という項目があり、その上乗せ分が＋0・98％であった。この「加算」は介護職員の賃上げのためであり事業所収益とはならない。そのため、既述の＋1・59％からを差し引けば＋0・61％が介護事業所に新たに配分される財源となる。

これは2021年介護報酬改定の＋0.7％を下回っている。なお、近年の介護報酬改定率の推移をみると、2018年＋0・54％、2019年＋2・13％、2022年＋1・13％（22年10月臨時改定：介護職員等の賃金アップ加算）であった。

2024年改正は6年に1度の診療報酬との同時改定でもあったため、それらと比較されがちだ。今回、初めて介護報酬の改定率が診療報酬本体の改定率（＋０・88％）を上回ったとの報道もあったが、冷静に考えてみると「介護人材処遇改善加算」を差し引くことで、２０２１年改定率よりも低い水準となっていることが認識できる。

在宅介護は幻想化する

筆者は、在宅介護を推進する厚労省（政府）は、今回、「失策」ともいえる改正を実施したと考える。なぜなら介護業界も驚いたのだが、訪問介護サービスの基本報酬が引き下げられたからである（表7-1）。介護報酬の仕組みは「基本報酬」と、既述の「加算」とに分けられる。基本報酬は単に介護サービスを提供すれば得られる報酬である。しかし、「加算」を得るためには、いくつかの条件をクリアした介護事業所でなければならない。例えば、「より多くの専門職が配置されていること」「従事者に適宜、研修がなされていること」「ＩＣＴ（情報通信技術）などの介護機器等が活用されていること」などである。

厚労省は、深刻化するヘルパー不足問題を優先して「処遇改善加算」（ヘルパーの賃上げ）を最大限考慮したという。また、「認知症（専門ケア）加算」「特定事業所加算」などを充実させたことで、基本報酬を引き下げたとしても、必ずしも問題はないと考えているようだ。

しかし、これらの施策で訪問介護サービスが拡充するはずがない。在宅介護を推進させるのであれば、本来、日々、訪問介護事業所の供給増を目指さなければならない。確かに、ヘルパーの賃金引き上げも重要だが、介護事業者へ「訪問介護」事業を前向きにさせるインセンティブを与えなければ供給は増えていかない。

「加算」といった、既述の条件付けの収入源を提示しただけでは、訪問介護事業へのインセンティブは働かない。まして基本報酬を現状維持どころか引き下げたことで、既存の訪問介護事業所も採算性を考えて事業から撤退するケースが生じるであろう。

表 7-1　2024 年改正における訪問介護の基本報酬

（単位（1 回））

	改正前	改正後
（身体介護）所要時間 30 分以上 1 時間未満の場合	396	387
（生活援助）所要時間 45 分以上の場合	225	220

（出典）　厚労省資料より

２０２４年介護報酬改定は赤字経営が深刻化していたこともあって、特養、老健などの介護施設系が優遇された。一方、デイサービスなどの在宅介護分野は、幾ばくかの引き上げに留まった。

しかし、実質、基本報酬が引き下げられたのは訪問介護分野のみである。訪問介護事業所の経営者に話を聞いたのだが、「まさか基本報酬が引き下げられるとは！　これで事業収入が引き下がり、訪問介護事業を継続できるか不安に陥っている」ということであった（2024年3月4日）。

訪問介護の基盤が崩れる

そもそも、単純に介護職員の賃金を引き上げさえすれば良いはずはなく、介護事業所の経営基盤も強化されることが重要である。現在、訪問介護事業所はヘルパーの研修環境、車両のガソリン代、事務運営費、新規採用の諸経費などの課題が山積みとなっている。

特に、ヘルパーが一定の医療行為を行うためには研修費用が必要なのにもかかわらず、今回の基本報酬引き下げで事業収入減となり、受講を積極的に促しづらい環境となっていくとの声も聞く。そうなると、ますます医療的ケア児・者を担うヘルパーが不足していく。

地域包括支援センターは限界

某市で「在宅介護事業所連絡会」の会合があり参加した。そこで、昨今は、地域包括支援センター職員の「負担」が重く、限界を感じている専門職が多いと聞いた（2024年2月19日）。

なぜなら、それらの専門職が介護予防プラン業務（要支援1・2のケアプラン）に追われているためだという。そして、地域包括支援センター業務において重要な「総合相談」「地域のネットワークづくり」「医療・介護連携」などに時間を割けないようだ。

そもそも、居宅介護支援事業者(ケアマネジャー)が介護予防プランを担ってくれれば、事態は好転するのだが、実際には難しい状況である(第4章参照)。確かに、2024年介護報酬改定において、地域包括支援センターが介護予防プランを担当する場合1件442単位(1月あたり)、(指定)居宅介護支援事業所が直に担う場合は1件472単位(1月あたり)と報酬は引き上げられた(表7-2。第4章参照)。しかし、この程度の引き上げでは、居宅介護支援事業所が積極的に介護予防プランを引き受けるとは考えにくい。

表7-2 2024年改正における介護予防支援費(要支援1・2)

(月単位)

	改正前	改正後
地域包括支援センターが行う場合	438	442
指定居宅介護支援事業所*が行う場合	新規	472

*市町村長の指定を受け，ケアマネジャーのいる機関

(出典) 厚労省資料より

要介護1~5のケアマネジメント(居宅介護支援)に対する介護報酬は1件につき1万円弱である。ケアマネジャー不足が深刻化しているため、自ずと介護報酬が高い要介護1以上の利用者(高齢者)のケアマネジメントが優先されている(表7-3)。

要支援1・2の介護報酬が最低でも1月あたり6500円以上とならなければ、地域包括支援センターに代わって居宅介護

支援事業所が、プラン作成を積極的に引き受けることはないであろう。このままでは在宅介護の拠点となる地域包括支援センターの機能が、徐々に低下していくに違いない。

表7-3　2024年改正における居宅介護支援費の基本報酬　(月単位)

	改正前	改正後
要介護1または2	1076	1086
要介護3，4または5	1398	1411

(出典)　厚労省資料より

ケアマネ更新制度は廃止に

なおこのままケアマネジャー不足が深刻化していけば、2035年に団塊世代が全て85歳以上となる頃、「ケアマネジャー枯渇」といった最悪の事態を招きかねないと不安視している。原則、ケアマネジャー試験の受験資格は、介護福祉士、社会福祉士、看護師などの有資格者が、その資格に該当する業務を高齢者福祉・介護分野で5年以上経なければならない。しかも、試験に合格しても決まった研修受講が義務付けられ、以後5年ごとに「更新研修」を受けなければいけない仕組みとなっている。

この「更新研修」の義務化は、医師、看護師、介護福祉士、社会福祉士らといった、1度取得すれば、いつでも業務を続けることができる資格とは大きく異なる。

そこで、時間的にも経済的にも負担超過となっているケアマネジャー資格の「更新制度」を廃止するべきと考える。私の元ゼミ生（卒業生）である30代の介護現場従事者からも、「学生時代、いつかケアマネジャーに就きたいと思っていたが、実際、介護福祉士として現場で働いてみて、先輩ケアマネの「研修」負担を目近で見て「受験」するのは辞めた！」といった声をよく耳にする。

「更新制度」は「女性活躍」にも逆行している。周知のようにケアマネジャーは女性の割合が高い。しかし、1度ケアマネジャーの仕事を辞めてしまうと、しばらくして「復帰」したくとも「更新研修」を受けなければならないのだ。子育てが落ち着いた母親である30歳代後半から50歳代の「潜在（実働していない）ケアマネジャー」には、今後、ケアマネジャーとして復帰して働いてもらわないと人材確保が難しくなる。

もっとも、必須である「更新制度」が廃止されたなら研修機会が減り、ケアマネの質の担保が危ぶまれるという意見もある。確かに、実務に就いても定期的な研修を受講し専門職としての学びを深めていくことは重要である。ただ、継続的な研修受講へのインセンティブは、居宅介護支援費（介護報酬）の「加算」方式で対応可能なのではないだろうか。

教育業界で「教員免許更新制度」は2022年に廃止された。昨今、教員志望者が減少する傾向から、潜在教員免許有資格者の活躍に期待することになったためである。ケアマネジャーの仕組みにも同様な対応が必要であろう。

有料老人ホームによる配置基準の緩和

今回、特定施設(有料老人ホーム)において、一定の条件付きで利用者3名に対し介護職員等0.9名以上に配置基準が緩和された(旧制度では3名に対し1名以上)。ただし、そのためには条件整備の下で一定期間の試行的な運用を行った結果、指定権者(都道府県)に届け出ることが必要である。

あくまでも対象は「特定施設」(有料老人ホーム)ではあるが、今後、実績が重なれば特養や老健などにも拡大していくことが充分に考えられる。

しかし、条件といっても計算上はICT化、介護ロボットなどを活用して業務負担軽減に効果が見られたとしても、実際の現場では「人」がいなければシフトは組めない。仮に、一定の条件付けで1人の介護職員が削減されたならば、頭数で1人分が欠員となり介護職員の「休日」が取得しにくくなり労働環境にはマイナスとなる。

安易にICT化、DX(デジタルトランスフォーメーション)化を活用して人減らししていくと、介護の「専門性」を担保できなくなる。介護施設の配置基準はあくまでも「3対1」に留めるべきである。

3　2027年改正が正念場！

給付サービス抑制の動き

繰り返すが、次期2027年改正介護保険法は介護格差是正のための抜本的な政策転換の機会ではあるが、現状では「転換」とはならず悪い方向へと進む可能性が高い。つまり、「給付抑制」「自己負担増」といった施策が実施され、むしろ格差拡大へと拍車がかかる可能性が考えられる。

特に、要介護1・2における訪問介護及び通所介護のサービスを、介護保険制度の本体である「給付」体系から地域支援事業といった「事業」形態に移行することが模索されている。介護保険制度内であっても「給付」と「事業」とでは大きく異なるサービス体系となってしまう（第3章参照）。

簡単に説明すると、両者の違いは介護報酬に差があり、仮に「事業」形態に移行されれば単価が低くなり利用可能なサービス量が減少する。また、地域支援事業によるサービス形態であれば、一部、有償ボランティアなどの介護従事者が提供することも可能で、専門性を担保していく観点からも課題となる。

このような要介護1・2における事実上の介護サービス「抑制策」が実施されてしまえば、在宅介護生活で「格差」が拡大してしまうだろう。例えば、要介護1の要介護者が「生活援助」サービスを利用していたが、給付から事業へ移行されサービス提供時間が減ってしまうと、それだけ身の回りのケアが行き届かなくなる。しかも、有償ボランティアなどの介護従事者が担うことになれば、認知症を伴うケースへの介護の質は低下してしまうだろう。

ケアプランの自己負担導入

現在、在宅ケアマネジメントにおいて自己負担は生じない。しかし、他の介護保険サービスと同様に1割自己負担導入の可能性が模索されている(高所得者は2割ないし3割負担)。介護保険制度が創設された当初から、「相談支援」の要であるケアマネジメント(居宅介護支援)は、中立・公正性が求められるという位置づけから、自己負担を課するのは好ましくないとされてきた。

例えば、地域包括支援センターにおける「相談」は無料であり、市役所の高齢者福祉部署でも同様だ。その意味では、「ソーシャルワーク」といった相談支援においては、従来から「無料」の考え方が浸透している。

しかし、財政状況が厳しいことから自己負担導入の議論は本格化してきている。仮に、1割自己負担が導入されると、要介護者であれば利用者は、毎月、1100～1400円の自己負担が課せられることになる。もっとも、1割自己負担ではなく1000円定額負担案も議論されている。

なお、2021年度のケアマネジメントにおける居宅介護支援(要介護1～5)及び介護予防支援(要支援1・2)の給付費は約5600億円であるから、仮に1割自己負担導入となれば約560億円の財政効果が見込めることになる。

このような自己負担導入が実施されれば、高齢者の負担が増すことで家計に影響をきたすことになる。しかも、一部、理不尽な介護保険サービスの利用を求める要介護者に対して、現在はケアマネジャーが説得しながらブレーキ役となっているケースもある。しかし、自己負担が生じれば権利意識が強くなり、理不尽な要求を抑えることは難しくなることも想定される。これらの自己負担は慎重に考えていくべきである。

2割負担層は現状維持にすべき

2024年改正において注目されたポイントは、介護サービス利用時の2割自己負担の対象が拡大されるか否かであった。結果として見送られ、「現状維持」という結論となった。しかし、次期2027年改正介護保険において継続審議となっているため油断はできない。

そもそも、2024年改正介護保険を議論する「社会保障審議会介護保険部会」(2023年11月6日)において4案が提示されていた(表7-4)。

仮に、現行の2割自己負担層の基準「年収280万円以上」(単身世帯の場合。夫婦世帯の場合346万円以上)が拡大され(引き下げられ)ていたならば、要介護者のサービス利用形態に大きく影響を及ぼしていたであろう。具体的には経済的に節約するインセンティブが高齢者及び家族自らに働き、一部では、介護サービスの「利用控え」が生じてしまっていただろう。

例えば、デイサービスを週4回利用していた独居高齢者が1割から2割負担となれば、週2回に減らすなど家に閉じこもりがちとなって重度化を加速しかねない。

確かに、「高額介護サービス費」制度といって毎月の負担上限額が決まってはいるが、その範囲内とはいえ1割から2割負担となれば、倍額のサービス負担額を支払うこととなる。そうなれば、たとえ年収220万円といえども可処分所得が目減りするため、家計としては苦しくなり、利用控えが生じてしまうだろう。次期２０２７年改正でも２割負担層の水準は、現状維持されるべきである。

表7-4a　想定される2割自己負担層の拡大年収(単身高齢者)

1案	【上位30%】年収220万円　後期高齢者医療の2割負担と同水準
2案	【上位26%】年収240万円
3案	【上位22%】年収260万円
4案	【上位20%】年収280万円　現行水準

表7-4b　想定される2割自己負担層の拡大年収(夫婦2人世帯)

1案	【上位30%】年収286万円　後期高齢者医療の2割負担と同水準
2案	【上位26%】年収306万円
3案	【上位22%】年収326万円
4案	【上位20%】年収346万円　現行水準

(出典)　社会保障審議会介護保険部会(第110回)「資料1：給付と負担について」(2023年11月6日)より作成

以上、このような「改悪」ともなりかねない制度改正が２０２７年改正の際に実施されれば、もはや介護現場の「崩壊」は避けられず、多くの要介護者や家族は困窮することとなるだろう。この流れを断ち切り、逆の方向へ政策転換させる「世論」をつくっていかなければならない。このままでは、一部の要介護者しか安心した介護生活を送ることはできなくなる。

第8章

格差是正のための処方箋

1 勝負の10年！

これまで様々な角度から「介護格差」について検討してきたが、正直なところ、2035年以降の介護現場は相当厳しい状況となり、もはや展望すら描けないと感じた読者も多いはずだ。確かに、今後は介護格差が拡大するばかりで、一握りの人しか安心できる介護生活は送れないと述べてきた。

しかし、現行の介護政策や社会保障制度などがこのまま持続するのではなく、抜本的な改革がなされれば悲観することはない。ただ、2035年まで10年足らずしか残されておらず、この「勝負の10年」でしっかり変革していかなければならない。

2 競争原理の再検証

過度な競争原理

もともと介護サービスは、「福祉制度」によって自治体や社会福祉法人などが中心となって提供してきた。しかし、超高齢社会の到来を見据えて2000年に介護保険制度が創設されて「競争原理」に基づいて、株式会社やNPO法人などにも門戸が開かれ、介護業界にも多様な担い手が参入できるようになった。

高齢者が急増していくため、規制緩和によって供給量を増やす必要があり、サービスの質を高めていく意味でも、社会保険制度を媒介とした「競争原理」の導入は意義があるものであった。しかし、「競争原理」の効果もしくはデメリットを検証しながら、適宜、制度改正をしなければならない。このようなメンテナンスがなされないまま、一部、利潤追求型の事業参入を許す結果となり介護費用が無駄遣いされている実態を見過ごすことはできない。

このまま「競争原理」を許容し続ければ、介護保険費用は膨らむばかりである。いわば、バケツに穴があいているにもかかわらず（適正化が不十分）、どんどん水（負担）を入れていくことになる。

市場と準市場の違い

そもそも、競争原理が機能する「市場」としては、大きく一般的な市場と準市場とに分けて考えていく必要がある。一般的な市場とは、広く認識されている「市場」そのもので、消費者が理不尽な損害を受けない範囲で「契約」に基づいて財やサービスが商品として提供される。その意味で、供給側が「競争原理」に基づいて供給が需要を掘り起こすことは差し支えない。

しかし、介護保険制度は社会保険制度を媒介にした「準市場」(公共サービスの供給に、市場(競争)原理を取り入れた状態)でサービス・財が提供されている。その財源は、公費(税金)や保険料といった公的資金が約9割を占めているため、過度なサービス利用は認められず、最適水準の範囲内でしか利潤を追求すべきではない。

保険者機能を強化

例えば、「サービス付き高齢者住宅(サ高住)などの集合住宅」「住宅型有料老人ホーム」などが経営母体となっている訪問介護、通所介護については、その対応を考えていくべきである。利用者の「囲い込み」を狙った一部のビジネス体系に対しては、規制を強化していくべきであろう。もちろん、良心的な事業所も多いことは承知しているが。

「規制緩和」「民間資本」への期待といった論点は重視されがちだが、このような論理は、一般的な市場では有効であるものの、準市場である介護保険制度においては慎重に考えていかなければならない。

現行の介護保険制度においては保険者である市町村が3年間の介護保険事業計画を策定し、需給バランスを調整する仕組みとなっている。

しかし、介護保険市場に参入できる介護事業者（プレーヤー）は、特別養護老人ホームや地域密着型サービスなど一部を除き、届け出制、もしくは申請制となっており参入障壁が低い。そして、いったん参入できてしまうと利潤を得るために要介護（要支援）者に積極的にサービス利用を働きかけるようになる。そのため、市町村の保険者機能を強化して、介護事業者の参入障壁を高くする規制が求められる。例えば、サ高住や系列介護事業所による「囲い込み」のビジネス体系には規制を強化すべきである。

とかく保険者機能という指導・監査権限を強化して、事業者指導にいっそう力を入れていくことがイメージされる。しかし、参入障壁を高くしていくことも忘れてはならない。

特養ホーム施策の変革

公的側面が強い特別養護老人ホームの施策に関しても、抜本的な変革が求められる。具体的には、新規特養の創設にあたっては「ユニット型個室」しか認められず、自己負担が低く人気の高い相部屋である「多床室」は、例外を除いて増える仕組みとはなっていない。プライバシーを重要視するため、というのが厚労省の公式見解である。

しかし、所得に応じて減免措置はあるものの、全国的にユニット型個室の利用料は高く、地域によっては「空床」も珍しくない。いっぽう依然として「多床室」の待機者は多い。しかも、生活保護受給者である要介護者は費用的側面で、ユニット型個室へは極めて入所しづらくなっている。そのため、いわゆる「貧困ビジネス」(第5章参照)ともいわれる、一部、高齢者住宅などを活用する事例が増えていく。そうなると、かえって生活保護費や介護保険給付費の無駄遣いを招き本末転倒の事態となる。新規の特別養護老人ホームにおいても相部屋設置が認められれば、一定程度はいわゆる「貧困ビジネス」を利用せずに済む高齢者も増えると考える。

3 「契約制度」の限界

旧「措置制度」の評価を見直すべき!

2000年に行われた「社会福祉基礎構造改革」により、一部を除いて「措置制度」は解体された。当時、利用者は福祉事業所を選ぶことができず、行政から指定された施設等を利用するしかなかった。また、サービス提供機関も公立公営（自治体直営）や社会福祉法人といったものが大半で、株式会社などは稀であった。

このような行政主体のサービス体系は、利用者の自己決定権を軽視していると批判され、民間機関がサービスの担い手となるほうが「質」も向上するとして大きく変革されたのが、「社会福祉基礎構造改革」であった。こうして介護保険、障害者福祉、児童福祉など、利用者主体の「契約」を基本とした福祉システムへの大転換がなされ20年以上が過ぎた。未だに存続している「措置制度」はあるが、それらはいずれも「虐待」など、限定されたケースへの対応に限られる。

しかし、この「措置」から「契約」へといった改革は、2025年以降の人口減少社会による福祉人材不足、認知症高齢者増加といった社会構造の大変化を見誤った。

もちろん、筆者も社会福祉学、社会保障を研究している1人として、基本的には「社会福祉基礎構造改革」の理念には賛同する。ただし、極端な「措置制度」マイナス論が展開された点は見直されるべきであり、言葉が不適切なのであれば「措置制度」を言い換えるなどして、「行政処分」としての福祉サービスを、再構築すべきである。

自治体責任が低下

旧「措置制度」が解体されたことで、国や自治体は福祉サービス提供主体としての責任を民間機関に依存してしまい、制度運営のみに特化していく傾向となっている。もちろん、一部、自治体直営のサービス供給主体も存続はしているものの少数派となっている。特に、準公的機関と認識されている社会福祉協議会においても、自治体からの補助金削減などの背景もあってサービス提供主体から撤退している。

全市町村の社会福祉協議会が運営する訪問介護事業所が過去5年間に少なくとも約220か所も廃止や休止されたことが共同通信の全国調査で明らかとなっている（共同通信社「訪問介護220カ所休廃止　市町村の社会福祉協議会、5年で」（2023年9月23日21：02配信））。

筆者は、「社会福祉基礎構造改革」は、結果として、国や市町村の福祉予算削減策に利用されていると考える。「行政処分」としての「福祉」を民間へ移譲する仕組みとなったことで、国や自治体はサービス供給主体を民間機関へ依存してしまうことで福祉財政を削減することにも繋がったのではないだろうか。

自己決定権は錦の御旗？

介護や福祉現場において、利用者(クライエント)が自ら適切な判断を下せず、家族や地域、そして自身にとっても負のスパイラルを繰り返していく事態も珍しくはない。

例えば、「孤独死対策としての地域の見守りを拒否する高齢者」「生活保護申請を促しても承諾せず困窮する者」「ゴミ屋敷状態を放置する者」「他人を家に入れたくないと介護・福祉サービスを拒む家族」ら、利用者や家族の意思を尊重することで対策が手遅れとなるケースは山ほどある。

だからといって、福祉専門職が粘り強く関わり利用者を説得することにも限界がある。最大限「人権」は守りつつも、明らかに問題があれば本人の同意が得られなくとも、福祉専門職による「行政処分」として福祉サービスの介入を認める以前の「措置制度」のような仕組みを、一定の介護や福祉現場にも再構築すべきではないか。このままでは福祉系職種及び民生委員などの負担が増すばかりで、ますますマンパワー不足が深刻化する。

4　このような変革を！

ヘルパーの公務員化

第4章でも述べたように、介護人材の不足問題は深刻な事態を招いている。２０２３年の出生数が約75万８６３１人と過去最低となり（「人口動態統計速報（令和5年12月分）」）、もはや少子化には歯止めがかからず労働市場における「人材獲得競争」は激しさを増している。

政府も介護職員の処遇改善策に努めてはいるものの、全産業平均との差が著しく解決の道筋が描けない状態だ。そのため、最も深刻であるヘルパーを市町村の公務員として雇用し、市町村立「訪問介護事業所」を創設すべきである。特に、生産年齢人口が著しく減少している過疎地域から進めていき、徐々に都市部にも拡充していくのである。

具体的には国庫補助事業として「国費」による財源措置（具体的な財源は5節で述べる）を講じてはどうであろうか。このような財源措置がなされれば、介護報酬による収入と合わせて安定的なヘルパー事業運営が可能となる。その際の公務員ヘルパーは、契約社員のような公務員という位置づけではなく、定年まで雇用される終身雇用を意味する。

公務員ヘルパーが「ケア」に入ることは、「処遇困難ケース」などの対応には効果的であろう。理不尽な対応をする要介護者や家族への対応は、民間介護事業所ではどうしても限界がある。公務員ヘルパーによる対応で、役所組織がしっかりとバックアップするサービス体系が構築されていれば、これらのケースに対しても毅然《きぜん》とした対応ができる。

そして、民間介護事業所は、さほど問題とはならない「ノーマル・ケース」の対応に徹していけば、ヘルパーの確保・定着も期待できるであろう。これは介護職員が辞めてしまう原因の1つとして、処遇困難ケースなどの対応が挙げられるからである。理不尽な利用者対応は「負担」が重く、新たな担い手確保の妨げとなっている。

公私でこういった棲《す》み分けがなされれば、ヘルパーの「モチベーション」も、それなりに高まり「やりがい」も見出せるはずだ。本来、介護は「楽しく」「充実」した仕事でもある。

このように過疎地から公務員ヘルパーの実績が拡充していけば、一定の都市部にも国庫補助事業を拡大させていく。そして、都市部でも「処遇困難ケース」は公務員ヘルパーが担い、「ノーマル・ケース」は民間介護事業所で対応するといった、公と民の棲み分けが事態打開の鍵になると考える。

介護は「雇用の創出」

公務員ヘルパーという雇用体系を一定程度、普遍化していけば、「介護職は低賃金」といったイメージも払拭されていくであろう。公務員の賃金体系は高く、身分も安定している。特に、高校生を対象にリクルートすることで地方の人口流出の防止にも繋がる。

地方では高校を卒業すると進学や就職で都市部へ流出してしまい、過疎化をますます加速化させている。その意味では、公務員ヘルパー化を「雇用の創出」と位置づけて人口減少社会に向けた対策として考えてみてはどうであろうか。

総務省「労働力調査(基本集計)」(2024年)によれば、2023年産業別就業者人口では「医療・福祉」910万人と第3位となっており、前年に比べ2万人増加している。なお、第1位「製造業」1055万人で前年に比べ11万人増。第2位「卸売業・小売業」1041万人で前年に比べ3万人の減少となっている。

今後、「医療・福祉」分野が第1位となる可能性も考えられる。つまり、全国的に「医療・福祉」分野は「雇用創出」の大きな役割を果たしており、これらの就業者は消費者として内需の牽引にも貢献している。なお、厚労省資料によれば2022年介護職員は約215万人となっている。

10％程度の介護報酬引き上げを！

いずれにしても介護施設などにおいても介護人材不足は深刻であるため、介護職員の全体的な賃上げは喫緊の課題であり、介護報酬の大幅な引き上げが急がれる。早急に介護職員の賃金を全産業と同水準にしていかなければ、「労働市場」で他産業との勝負にならない。

具体的には、２０２７年介護報酬改定においては最低でも10％の引き上げが求められる。そうなれば一定の介護職員の賃上げが可能となり、他産業との差も縮小するはずだ。２０２４年度介護保険総費用は、予算ベースでは約14兆２０００億円と試算されている。つまり、少なくとも介護報酬10％引き上げを達成させるには、約１兆４０００億円以上の財源が必要となる。

高額介護サービス費の優遇

ただし、介護報酬が引き上げられると利用者の自己負担額も上がるため、「高額介護サービス費」の基準を引き下げるなどの対応が求められる。

例えば、現行の利用者負担上限額(月額)は、住民税の課税対象となる人がいる世帯の場合、一般的な所得なら月額４万４４００円となっている。これを４万円にまで低く下げることで利用者自己負担額の軽減にも繋がり「負担」を回避できる。

新たな「療養介護福祉士」の創設

現在、介護職員は研修を受講するなど一定の条件下で「喀痰吸引」と「経管栄養による補給」のみならば医療行為を行うことができる。しかし、医療的ケアを伴う要介護者が増加しているにもかかわらず、介護現場では看護師不足が課題となっている。

そのため、現行の介護福祉士の養成課程を重厚にして、他にも一定の医療行為が可能となる新たな「療養介護福祉士」といった資格制度を創設してはどうであろうか。

そもそも、現行の介護福祉士は国家資格といえども「名称独占」といった資格であり、医師や看護師といった「業務独占」の資格ではない。「名称独占」の資格では、その資格を有していなくとも「業務」に就くことは可能だ。つまり、介護福祉士資格がなくとも「介護」の仕事には従事できる。その点が介護職員の社会的評価が上がらない要因ともなっている。素人である家族や無資格者でも、介護を担っているといったイメージで認識されがちだからである。

しかし、一定の医療行為が可能な「療養介護福祉士」という資格を新たに創設することで、「注射」「点滴」「褥瘡処置」「インスリン注射」にも対応できるようになれば介護職員のイメージも変革されると考える。そうなれば「業務独占」としての資格となり、社会的評価も高くなる。そして、「療養介護福祉士」が担うケアに関しては、高い介護報酬を設定することも可能となり、介護職員の待遇改善への道筋も見えてくる。

在宅はもちろん施設においても、医師らの指示の下で一定の医療行為が可能となる療養介護福祉士が誕生すれば、介護現場にとっても有益なはずだ。

准看護師との比較

なお、「准看護師」は保健師助産師看護師法6条により、「医師、歯科医師又は看護師の指示を受けて、前条に規定する(傷病者若しくはじよく婦に対する療養上の世話又は診療の補助を行う)ことを業とする者」となっている。国家資格ではない都道府県知事が発行する「准看護師」資格は2年間の就学(准看護学校)を経て試験に合格すれば取得できる。

一方、国家資格である介護福祉士は、2年間の就学(介護福祉士養成校)を経て試験に合格すれば取得できる。もちろん、3年間以上の実務経験ルートによる取得コースもあるが。

例えば、案として「療養介護福祉士」の就学期間を3年として、准看護師に類似した資格体系とすることも考えられる。なお、この「療養介護福祉士」資格は、あくまでも養成校卒業者

表8-1　介護職員の資格

現　行	筆者の新規案
・介護職員初任者研修修了(旧ホームヘルパー2級資格) ・介護福祉士(国家資格)	・介護職員初任者研修修了(旧ホームヘルパー2級資格) ・介護福祉士(国家資格) ・療養介護福祉士(国家資格)

のみ受験資格が得られることとして、実務研修のルートは想定していない。なぜなら医療行為の一部を担うには、かなりの研修・実習などが必要だからだ。

ただし、経過措置として一定期間、介護福祉士として従事している者を対象に1年間の養成機関(各種学校)を暫定的に設けることも考えられる。

現行の介護職員の資格には「初任者研修修了」(旧ヘルパー2級資格)と「介護福祉士」(国家資格)という2種類がある。そこに「療養介護福祉士」(国家資格)という新資格を1つ設けるイメージである(表8-1)。

現在、介護福祉士を養成する専門学校等は減少傾向となっており、入学者もかなり減っており外国人留学生の割合も一定数となっている(表8-2)。このままでは養成校ルートからの介護福祉士の有資格者は目減りするばかりだ。しかも、ここ数年は外国人留学生すら少なくなっている点も注目される。「療養介護福祉士」資格コースを設けることで、介護福祉士養成校の再興も模索できるのではないか。

表 8-2　介護福祉士養成校への入学者数と外国人留学生数

年度	養成校数	定員充足率(%)	入学者数(人)	外国人留学生数(人)
2019	375	48.5	6982	2037
2020	347	51.6	7048	2395
2021	327	55.1	7183	2189
2022	314	54.6	6802	1880
2023	296	51.3	6197	1802

(出典)　日本介護福祉士養成施設協会「令和 5 年度介護福祉士養成施設の入学定員充足状況等に関する調査の結果」(2023 年 9 月 28 日)より

介護人材紹介業の規制

第4章でみたように、昨今、人手不足により介護人材を採用できない事業者は、「介護人材紹介業」を活用して人材を確保するケースが目立っている。しかし、厚労省「医療・介護分野における職業紹介事業に関するアンケート調査」(2019年12月)によれば、採用1件あたりの紹介事業者に支払った手数料額はケアマネ、ヘルパーの場合平均で64万2000円、50万1000円と高額化している。

この費用は介護報酬を基本とした財源から賄われており、法令的には問題ないものの、介護報酬の一部が介護人材紹介業へ流れている構図だ。確かに、介護人材紹介業の役割・機能は認められるべきではあるが、深刻化する介護人材不足に乗じたビジネスチャンスとしての職業紹介業の事業展開が目立ち始めている。

その意味では、過度な(公費の)資金が流れないようにするため、例えば、手数料等の上限額規制を強化すべきであろう。

5　立ちはだかる財源論

新たな公費の投入

現行制度では介護報酬の引き上げを実施すると、必ず介護保険料も上がるという課題が残り、一般の人々は大幅なプラス改定を望まないという意見も一部にはある。

そのため、早期に介護保険財源構成において公費負担の割合を増額する仕組みに改めるべきである。具体的には公費負担割合を、現行の50%から高齢化率の上昇に応じて55%、60%、65%、70%と段階的に増額する仕組みに改めるのである。そうなれば、大幅なプラス改定となっても介護保険料を引き上げる必要は生じない。

また、現行の介護職員の賃上げは介護報酬体系において「加算」として対応されている。しかし、このような「利用者による自己負担増」「保険料引き上げ」として一般市民や企業の負担も連動して上がってしまう。「加算」方式を維持する限り、利用者の負担増が条件となってしまうのである。

そのため、介護職員の大幅な賃上げを実現する分は全額国庫負担として、「交付金」というシステムで実施すべきである。

法人税の引き上げを

これまで述べてきた「公務員ヘルパー」(国庫補助金の創設)、「介護保険における公費負担の増額」「介護職員への賃上げ」(交付金)、「高額介護サービス費の優遇」には、当然、新たな財源が必要である。そのためには「増税」は避けられない。

その1つとして大企業を中心に法人税を引き上げてはどうであろうか。財務省資料によれば2023年6月時点、企業における現預金＝内部留保が過去最高の約358兆円に達している。近年、法人税は引き下げられてきており、多額な内部留保が存在するくらいであれば、一定程度引き上げるのは妥当であろう。

企業にとっても「介護離職」の防止として「仕事と介護を両立」するために法人税率を引き上げて、介護施策を充実させ、経済活動を維持することは合理的ではないだろうか。

資産に基づく負担増

内閣官房資料によれば、日本の家計金融資産については、60代以上の保有比率が6割を超えており、そのうち高齢者世帯の現預金が3割を占めている。介護保険制度内の財政調整に終始したところで、新たな財源確保は高が知れている。特に、給付費を抑制すれば要介護者やその家族に皺《しわ》寄せされる。

ならば、要介護者を支えるために、高齢者層が中心に保有する「資産」に課する税（資産税）を強化して、介護保険制度に「公費」を投入していくべきではないだろうか。例えば、相続税における税率引き上げ及び相続人控除額の引き下げによる財源確保といった方策が考えられる。また、「資産税」としては「金融所得課税」の強化なども方法として挙げられる。

そもそも、年齢が高くなるにつれ豊富な「資産」を有する傾向にある。高齢者の能力に応じた「負担」は避けられず、「持っている高齢者」が「持っていない高齢者」を支えるといった「世代内扶養」を、今後の社会保障制度の根幹としていくことが求められる。そして、「負担」基準を「所得」（フロー）のみではなく、「資産」（ストック）にも着目していくべきである。現行の社会保障全体の再分配は、「所得」（フロー）に傾斜しているが、「資産」（ストック）も踏まえながら機能させていくべきである。

消費税増税は？

繰り返すが、団塊世代が全て85歳となる2035年までに残された時間は少ない。これまでの考えにとらわれず、経済活動の安定のためにも「資産」に応じた負担の強化が急がれる。

そして、こうした増税施策を実施した後に、団塊ジュニア世代が65歳となる2040年以降は消費税率を引き上げて、さらなる財源を確保する必要もあるであろう。しかし、消費税引き上げによる財源確保は、あくまでも団塊ジュニア世代の介護ニーズの必要性を見据えて「最後の砦《とりで》」として慎重に考えるべきである。

6 介護は経済政策！

発想の転換

そもそも、介護保険は要介護者のためと考えられがちだが、「介護」は経済活動に大きく影響を及ぼす。例えば、繰り返しになるが、「ヤングケアラー」の問題が注目され、孫世代である中・高校生が家族の介護のために学業などに支障をきたしていることが明らかとなった。充分な介護サービスが保証されなければ、次世代の若者に大きな負担を課することになる。

現在、国民年金（基礎年金）の保険料を支払う期間について40年間（20歳以上60歳未満）から、5年延長し64歳までの45年間とする議論が本格化している。いまや65歳まで働くことは当たり前となりつつある。今後、多くの人が70歳まで再雇用として働く社会が到来するであろう。生産年齢人口が減少することを踏まえれば、労働力確保の観点からも、70歳現役社会を達成しなければ経済活動は成り立たなくなる。

いわば、「介護」は労働力確保のための「経済政策」としての機能を果たす重要な「インフラ」なのである。このような考え方が普遍化されていけば、世間の介護保険に対する見方も変わっていくに違いない。

外国人介護職員と日本経済

既述のように、介護人材不足は深刻であり、外国人介護職員に期待する声がある。厚労省「外国人介護人材の業務の在り方に関する検討会資料」（２０２３年７月24日）によれば、介護分野の外国人在留者数は約４万４０００人となっている（２０２２〜23年時点）。主な国はベトナム、インドネシア、フィリピン、ミャンマーなどである。

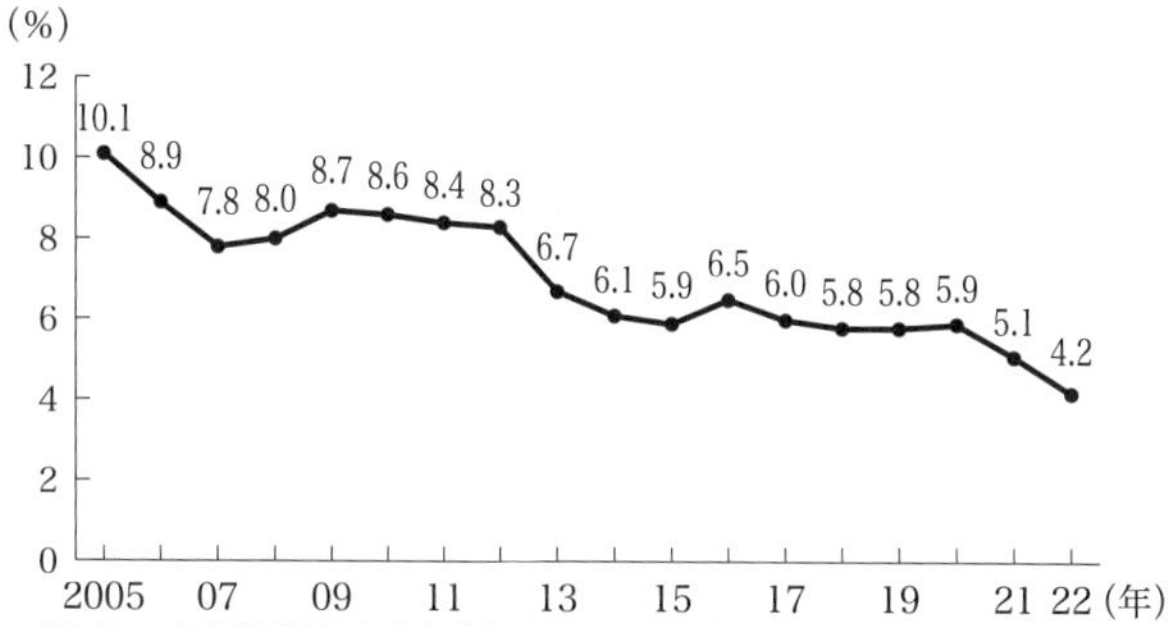

（出典） 内閣府経済社会総合研究所「2022年度(令和4年度)国民経済計算年次推計(フロー編)ポイント」(2023年12月25日)より

図 8-1 世界の名目 GDP に占める日本の比率の推移

外国人介護職員の活躍は概ね目覚ましく、要介護者からの評判も良好である。一部の日本人介護職員と比べても仕事が丁寧であると、介護施設関係者から聞いた経緯がある(2024年3月4日)。

しかし、要介護者が増える2035年、2045年の先まで外国人介護職員が日本に来て働いてくれる保証はない。なぜなら、日本の経済力が低迷しており外国人にとって日本で働く意義が稀薄化していると考えるからである(図8-1)。

筆者は、2024年2月下旬、ドイツの介護現場を訪ねて関係者にヒアリングを行った。ドイツでも介護人材不足は深刻となっており、多くの外国籍の介護職員が従事していた。その多くは東欧諸国の出身であったが、一部、東南アジアからも来ており日本との「人材獲得競争」になっていると感じた。

特に、ドイツでは早い段階から移民政策が制度化されており、多くの外国籍の方々がドイツ社会では働いている。介護職員も多国籍化しており、外国人であっても全く違和感なく介護施設で従事しており、外国籍の管理職も多く重要なポジションに就いていた。

筆者は、日本の介護施設で従事している外国人介護職員の状況と比較すると、ドイツのほうが働きやすいのではないかと感じた。未だ日本社会は外国人労働者にとって閉鎖的であるとの声を聞いたことがある。

今後も外国人介護職員に期待はしたいが、日本の経済事情などを鑑みながらヨーロッパなどとの「人材獲得競争」に勝てるのかと、疑問を抱かずにはいられない。そのためにも日本の国際競争力の再興を目指し、目覚ましい経済成長を実現しなければ外国人介護職員が日本で働くメリットはなくなってしまうだろう。

介護は「負担」ではなく「投資」

介護を「負担」とせず、経済活動を支える「投資」と考えてはどうであろうか。繰り返すが、多くの地方では高校卒業後、若年層が都市部に出てしまう。その大きな要因は安定した雇用先が見つからないからだ。しかし、今後、ますます地方産業として福祉・介護業界は「雇用の創出」の機能を果たす可能性を秘めている。

特に、介護職員の賃金等がアップされれば可処分所得が高くなり、消費行動にも影響を及ぼし地域経済の活性化にもつながる。かつての道路、建物、整備新幹線などといった「公共事業」による「乗数」効果を、「介護」の充実に期待していくのである。

終章

「介活」で格差を乗り切ろう！

1 「介活」をやってみよう！

本書の締めくくりとして、介護格差は高齢者や家族による「意識づけ」でも変わることを述べておこう。この意識づけとは第5章でも述べたように「介護」が必要となる日に備えて情報収集に励むといったことである。確かに、「介護予防」に励んで、要介護者になりにくくなることは重要な視点である。しかし、日ごろから介護に関する意識を高めていれば、いざ要介護者となっても困らずにすむだろう。

「人柄の良い介護職員が担当してくれている」「ネットワークが豊富なケアマネジャーだから、介護施設や良質な介護サービス事業所を選ぶのに苦労しない」「たまたま近所の特別養護老人ホームに空きがあり入居できた」といったように、筆者は要介護者から「幸運だった」という話を聞くことがある。

確かに、介護は「運」次第という要素は否めない。「悪い介護事業所を利用してしまった」「質の悪いヘルパーが「ケア」していたので、ようやく交替してもらった」など「不運」なこともあるだろう。しかし、運・不運も努力次第で状況は変わる。

2 「介活」とは

支えられ上手に

筆者は安心した介護生活を送るために、「介活」という取り組みを高齢者や家族に勧めている。「介活」とは、「自分が介護に直面する」時、もしくは「親の介護を担わなければならない」ことを想定して事前に心掛ける活動である。どうしても「介活」となると、介護施設の選び方、介護保険の利用方法、介護費用の工面など、消費者目線が重視されがちだが、それだけでは不十分だ。

「介活」で最も重要なポイントが、どれだけ「支えられ上手」な要介護者になれるかである。いくら介護情報を取得しても、いざサービスを利用した際に「支えられ上手」になっていないと損をするからである。具体的には「ろくに挨拶《あいさつ》もしない」「声かけに無反応」「適宜、横柄な態度をとる」といった要介護者は、介護職員らから敬遠されてしまいがちになる。

また、介護サービスを受ける度に、積極的に「ありがとう」と感謝の辞を述べる、ヘルパーが来たら「笑顔」で応対する、常に挨拶に心がける要介護者に対しては、介護職員らも自然と、丁寧な介護・ケアになりがちになる。あたりまえのことかもしれないが、要介護者や認知症高齢者自身が気を遣ってくれるのであれば、介護職員らも誠意をもって対応するはずだ。

ハラスメントの加害者にならない

データからもわかるように、介護職員がハラスメント被害に遭った割合は少なくない（表終-1）。特養の介護職員らは約4人に1人が何らかの「暴力」を利用者から受けた経験があり、「暴言」となると、それ以上だ。また、「セクハラ」に関しても1割程度となっている。

筆者は某介護施設の責任者に話を聞いた（2024年3月13日）。その時「絶対に公にはできないが、うちの介護施設では入居前の要介護者やその家族との面談において「心身の状況」「施設生活での希望」等の他に、「高齢者自身の性格」「家族の人柄」など」も確認しているということだった。

そして、例えば「かなり要求が強い家族」「上から目線の多い高齢者」などのケースは、かなり慎重に対応するというのである。なぜなら要介護者による「ハラスメント」を懸念しているためで、その危険性があると判断されれば、面談後「施設側も検討したのですが、今、待機

表終-1　介護現場における利用者やその家族からのセクハラ・暴力等(複数回答)

(%)

	訪問介護(ヘルパー)	通所介護(デイサービス)	特　養(老人福祉施設)
セクハラ	7.7	9.0	9.2
暴力	5.8	8.7	26.2
暴言	21.9	18.0	29.5
介護保険以外のサービスを求められた	31.2	11.6	5.3
その他	1.7	1.2	1.7
経験をしたことはない	47.2	62.3	53.3
無回答	5.5	5.8	5.4

(出典)　介護労働安定センター『令和5年度介護労働実態調査介護労働者の就業実態と就業意識調査結果報告書』資料編(2024年7月)より

者が多く、直ぐには入居できません。待機者リストに入れておきますので申し訳ありません」と、婉曲に入居を断るという。

このようなハラスメント問題は在宅介護現場のヘルパーにとっても大きな課題となっている。しかも、職場が利用者の自宅という密室であるため「性的な会話を頻繁にされる」「入浴介助中に「胸」を触られる」といったセクハラ被害も珍しくない。

当然のことだが、要介護者やその家族であってもハラスメント行為は許されない。そして、介護人材不足により需給バランスが崩れていることから、厄介な要介護者やその家族と判断されれば「契約」してもらえないのだ。よしんば契約して介護サービスがスタートしたとしても、状況次第では「契約解除」されてしまい、介護サービスが受けられなくなる。

良し悪しは「口コミ」から

良質な介護事業者を見分け、親切な介護関係者に担当してもらうには、どうすれば良いのであろうか。確かに、第5章で述べたようにインターネットやSNSで情報収集して介護事業所などを探す方法もある。また、「介護サービス情報公表制度」の活用も有益には違いない。

しかし、一番良いのは「口コミ」による情報収集である。周りで介護サービスを利用している人から、介護事業所や介護スタッフの話を聞くことが得策であろう。実際、利用している人からの「情報」は真実味がある。運が良ければ、話を聞いた人から介護事業所を紹介してもらうことも可能だ。

今後、介護サービスの供給減により、単にサービス利用を申し出るだけでは「契約」してもらえないことが多々出てくるだろう。しかし、誰かの紹介であれば受けてくれる可能性が高くなる場合がある。

そのためには、近所付き合いや友人関係といった「人」との繋がりを大事にしておくべきである。定年退職を迎えた元気高齢者が余暇活動など地域活動に励んでいる。当然、そこから介護サービスを利用している「人」と繋がり、自らの介護や親の介護の話題もしやすいだろう。いざ困った時には、これらの繋がりは何らかのコネクションになる。

「介護」は誰にでも訪れる可能性があり、60歳を過ぎた人たちの会話は「介護」関連が多くを占める。その中から介護関係者と自ずと繋がっていくに違いない。

元気なうちから親子で考えよう

介護の話題は、元気高齢者のうちから親子で話し合うことが重要だ。要介護状態になってから「いざ、どうしよう!」と相談し合っても、そこから情報を得るには時間がかかる。普段から「70歳を過ぎたら、介護保険の手続き、認知症について考えよう!」と、親子で話し合うことで、自然と「介護」に関する知識が家族内で身についていく。

例えば、要介護や認知症となったら「できる限り自宅で介護生活を続けるか」「見極めて施設介護を選択するか」といった長期的なビジョンを親子で話し合っておく必要がある。この点が家族間で曖昧だと「在宅か、施設か」で迷ってしまい、適切な介護サービスの選定ができなくなる。費用の面でも違ってくるであろう。

もちろん、一度決めたとしても考え直すこともあるだろうが、親子で話し合う意義は大きい。

特に、兄弟姉妹がいる子の立場からすると、日ごろから親の意向を確認し合っていれば重度な要介護状態となっても、子ども同士でもめることがない。

なお、終末期の医療的ケアの方針に関して、例えば、「胃瘻の処置をしますか」「人工呼吸器をつけますか」など延命治療の方針を聞かれる場合もあるだろう。普段から親の意向を確認しておけば、子どもが代わって本人の意向を伝えることができる。

特に、日ごろから「延命治療」の意思がないという意向であれば、本人が書いたメモでもあればベストである。一般的に救急搬送される状態であれば、意識不明で本人が医師らに意向を伝えることは難しい。

もし、延命治療の意思がないまま、胃瘻、人工呼吸器などの医療処置がなされれば、命を救うことはできるが、本人が望まない長期的な介護生活を送ることになる。1度、医療措置が施されると止めることはできない。当然、延命治療をめぐる本人の意思を確認できなければ、医師は訴訟を恐れて「延命治療」を施すことになる。

筆者がケアマネジャー職に就いていた時、このような意思を曖昧にし続けたため延命治療が施され、長引いた親の介護生活で苦労していたケースを思い出す。「きっと親はベッドで寝たきりで意識不明のままであれば、「延命治療」は望まなかったに違いない」といった子の言葉が印象的であった。もちろん、本人が事前に、それらを承知していれば問題はないのだが。

介護相談機関などを調べておこう

介護が必要となったときに、相談できる「人」や「専門機関」を想定しておくと有益である。例えば、元気高齢者のうちから「介護予防の会（教室）」に通うことなども効率的だ。それによって地域包括支援センターの専門職と関係が築ける可能性が高くなる。いざ介護が必要となっても、直ぐに相談できるだろう。

一般的に、介護予防の会（教室）は地域包括支援センターや保健センターなどが関与しているため、元気なうちから関係機関と接することが可能だ。また、介護が必要となることに備えて、相談機関や要介護認定の手続き程度は把握しておくと良い。あまり詳しく調べる必要はなく、一定の範囲で確認できる程度で充分である。

「かかりつけ医」を持とう！

第3、4章でも触れたが、介護が必要となると「かかりつけ医」がいるか否かで介護保険サービスの利用形態も違ってくる。

特に、要介護認定の申請には必ず「かかりつけ医」の意見書が必要となるため、普段から健康について相談できるお医者さんがいると、事がスムーズに運ぶためかなり重要なポイントである。また、入院が必要な状態になれば、主治医に専門の病院を紹介してもらえるため安心だ。紹介状を書いてもらえば入院もスムーズに運ぶ。

高齢になると何らかの病気を患いがちであるから、健康管理の意味でもかかりつけ医を持つことをお勧めする。

元気なうちは働こう!

繰り返すが、普段から「介護予防」などに励み、要介護者とならないよう心掛けることは重要であろう。しかし、最大の介護予防は、元気なうちは高齢になっても働くことだ。少なくとも70歳までは週3、4日は再雇用もしくはアルバイトで賃金を稼ぐ生活を続け、70歳を過ぎてもアルバイトで週1、2回短時間でも働ければベストである。幾ばくかの賃金を稼ぐということで、「緊張感」が生まれる。これが最大の介護予防となる。

なお、賃金を得なくとも、地域のボランティア活動に週1、2回励むことも介護予防に繋がる。ボランティアといえども、責任感を持つことに違いはない。そのことが認知症予防にも繋がる。

地域によっては、介護施設等で「高齢者の話し相手」「簡単なタオルたたみ」「食事の際の準備・片付け」といったボランティア活動もある。このような介護系ボランティアを通して、日ごろから介護関係者との繋がりをつくることも「介活」となる。

3　災害と要介護者

避難行動要支援者名簿

能登半島地震、東日本大震災、地震や台風などの大きな災害は、介護施設及び在宅の要介護者の生活を直撃する。特に、在宅で暮らす高齢者が「災害」に直面するとすぐに「孤立」化してしまい危機的となる。

そこで、市町村には自主避難が難しい高齢者や障害者などを対象に「避難行動要支援者名簿」の作成が災害対策基本法で義務付けられている。具体的な対象基準は市町村によって異なるが、高齢者に関しては要介護認定において要介護3以上、もしくは独居高齢者で要支援者以上が一般的だ。なお、介護施設などに入居している高齢者は、施設側を通して情報が得られるため対象外となっている。

そして、本人の同意を前提に、それら「名簿」が地域の避難支援等関係者に提供されている。「避難支援等関係者」とは、自治会、民生委員・児童委員、消防機関、警察などを意味する。

筆者は、ぜひとも「同意」することをお勧めする。「同意」が得られた方には、平時であっても、適宜、民生委員などが「声かけ」などに訪れ災害対策の情報を提供してくれる。また、いざ「災害」時には避難誘導や連絡、安否確認などで積極的にアプローチしてくれるからだ。もし、「同意」を拒否してしまうと、支援が受けられにくくなってしまう可能性が高い。

個別避難支援計画

なお、2021年に災害対策基本法が改正され、政府は市町村による「個別避難支援計画」の策定を努力義務化させた。「個別避難支援計画」とは、災害時に自分で(家族で)避難することが難しい要支援者ごとに、避難支援、安否確認などの手順を示す計画である。

具体的には、決まった書式に「氏名・住所・電話番号」「想定される避難支援等を手助けしてくれる者」「避難先」「避難時に配慮しなくてはならない心身の状態」「かかりつけ医や常備薬の有無」「避難所までの時間、避難経路、危険箇所」などを記入したものとなっている。

これらによって「ハザードマップ」上に居住している高齢者などを対象に、計画策定を積極的に呼びかけるパターンがある。主にケアマネジャーと市町村が委託契約を結び、それらが計画策定を支援してくれる。また、個人や家族が自主的に計画を策定する場合もある。

一般的に計画策定の対象者は、既述の「避難行動要支援者名簿」のうち本人の同意が得られ、避難支援等関係者にその情報が提供されている人たちである。ただ、「避難行動要支援者名簿」に該当しない人でも、希望者は策定できる場合もあるので市町村に問い合わせてみてはいかがであろうか。

個別避難支援計画を策定しておけば、予め災害が生じた際に支援してくれる人が決まっているため援助を受けやすい。もちろん、災害時には予定どおりに運ばない側面もあるが、少なくとも支援する人たちの「意識づけ」にはなるため、計画策定は重要である。

多くの高齢者は、災害時には誰かの助けがなければ避難所へも移動できない。時間との勝負にもなりかねないため、日ごろから支援を受けやすい環境を高齢者本人が築いておくことが重要である。

4　介護に関する価値観

世代間に応じた価値観

「介護」の捉え方は世代間でも変わっていく。昨今、超少子高齢化によって高齢者問題への価値観は時代と共に変化してきた。50年前には「高齢者は大切にされるべき」といった価値観が社会の中であたりまえであった。しかし、今、高齢者問題は社会的な課題となっており、高齢者を敬う価値観は大きく変わっている。

今後、団塊ジュニア世代が75歳となる時期には、社会における介護の価値観もさらに変容していくに違いない。「格差」は数値で認識できる側面もあるが、個人や時代に応じた「価値観」によっても捉え方は異なる。

格差を少しでも是正していく必要については言うまでもないが、その際にはその時々の「介護」に関する価値観を踏まえなければならない。つまり、社会的コンセンサスを得ながら対応していかなければ、根本的な問題解決には結びつかないだろう。

どうして介護が必要か？

「介護」を考えていくには、「人」は、どうして「他者」から支援されるのか？といった視点で考えていかなければならない。例えば、「セルフネグレクト」（自己放任）といった問題のように、介護現場では支援されることを拒むケースが生じている。いわば「受援力」の欠如によって、利用者自身が支援を必要としていることにすら気づかず、そのまま問題が深刻化していることは珍しくない。

本来、利用者の意思を尊重することが重要ではあるが、「人」は社会の中で生きているため、すべて自己決定に基づく生き方ができるとは限らない。その意味では、どうして「人」は介護して介護されなければならないのかといった、双方向の視点から考えていくべきだろう。

おわりに

昨今、遺骨の引き取り手のない「無縁遺骨」が増えており、各自治体では対応に追われていると聞く。筆者も、何度か新聞取材を受け「無縁社会」(NHKスペシャル、2010年放送)の深刻さを痛感している。このような無縁遺骨の方々の多くは、どのような「介護」を経て最期を迎えたのかと思う。

本書は、岩波書店で企画が決まってから約8年の歳月を経て公刊することができた。コロナ禍といった理由から取材なども制限され、一定の時間を要することとなったためである。しかし、刊行が遅れたことで、問題をより深く分析することができ「介護格差」の真髄を深掘りすることができた。本書で筆者が手掛けた岩波新書は4冊目となるが、今回は研究者としての責務を強く感じながら作業に取り組んだ。

研究者となって18年となるが、これまで多くの介護関係者を現場へ送り出してきた。そもそも現場とは、①介護現場(在宅・施設といった、文字通りの現場)、②政策決定過程の現場(国会、審議会などの政策を決定する場)、③教育現場(介護職員を養成する場)と、大きく3種類に分けられる。筆者は3つの現場いずれにも携わった経験があるが、現在も教育現場で従事している。

特に、これからも若い大学生たちが介護業界で働こうとしているが、介護業界の問題点を教示していると、時々、本当に勧めていいのかと迷うことがある。他業界でも人手不足であり、介護業界に比べ待遇が良い職場は多々ある。最後は学生の自己決定かもしれないが、現状は厳しいものがある。

そのためにも、1日でも早く介護業界が働きやすい環境になってほしいと願い、今回の執筆作業に取り組んだ。介護関係者らの労働環境が良くなれば自ずと介護サービスの質も高くなり、結果として要介護者にとってもプラスになるからだ。

本書を完成させるにあたり、多くの介護関係者の方々からインタビューへの協力をいただいた。深く感謝申し上げたい。なお、執筆作業にあたっては、自宅だと集中力に限界があるため、自宅近くのファミレスで1日何時間も作業させていただき、とてもありがたかった。

また、岩波書店の上田麻里さんには、企画から編集までたいへんお世話になった。上田さんとはこれらの4冊とも、ご一緒させていただき多くのアドバイスを頂戴した。今後とも、さらなるご活躍に期待したい。

最後に、妻、息子、娘といった家族にもお礼を述べたい。もう、子どもたちも成人となり、今後の日本社会を背負う年代となった。自分も年をとったと思うこの頃である。

２０２４年７月

結城康博

結城康博

1969年生まれ．

淑徳大学社会福祉学部卒業．法政大学大学院修了(経済学修士，政治学博士)．1994〜2007年，東京都北区，新宿区に勤務．この間，介護職，ケアマネジャー，地域包括支援センター職員として介護関連の仕事に従事(社会福祉士，介護福祉士)．現在，淑徳大学総合福祉学部教授(社会保障論，社会福祉学)．元社会保障審議会介護保険部会委員．

著書−『日本の介護システム——政策決定過程と現場ニーズの分析』(岩波書店)，『医療の値段』『介護 現場からの検証』『在宅介護——「自分で選ぶ」視点から』(以上，岩波新書)，『介護職がいなくなる——ケアの現場で何が起きているのか』(岩波ブックレット)ほか多数．

介護格差　　岩波新書(新赤版)2028

2024年8月20日　第1刷発行

著　者　結城康博《ゆうきやすひろ》

発行者　坂本政謙

発行所　株式会社 岩波書店
〒101-8002 東京都千代田区一ツ橋2-5-5
案内 03-5210-4000　営業部 03-5210-4111
https://www.iwanami.co.jp/

新書編集部 03-5210-4054
https://www.iwanami.co.jp/sin/

印刷製本・法令印刷　カバー・半七印刷

ISBN 978-4-00-432028-9　　Printed in Japan

岩波新書新赤版一〇〇〇点に際して

ひとつの時代が終わったと言われて久しい。だが、その先にいかなる時代を展望するのか、私たちはその輪郭すら描きえていない。二〇世紀から持ち越した課題の多くは、未だ解決の緒を見つけることのできないままであり、二一世紀が新たに招きよせた問題も少なくない。グローバル資本主義の浸透、憎悪の連鎖、暴力の応酬——世界は混沌として深い不安の只中にある。

現代社会においては変化が常態となり、速さと新しさに絶対的な価値が与えられた。消費社会の深化と情報技術の革命は、種々の境界を無くし、人々の生活やコミュニケーションの様式を根底から変容させてきた。ライフスタイルは多様化し、一面では個人の生き方をそれぞれが選びとる時代が始まっている。同時に、新たな格差が生まれ、様々な次元での亀裂や分断が深まっている。社会や歴史に対する意識が揺らぎ、普遍的な理念に対する根本的な懐疑や、現実を変えることへの無力感がひそかに根を張りつつある。そして生きることに誰もが困難を覚える時代が到来している。

しかし、日常生活のそれぞれの場で、自由と民主主義を獲得し実践することを通じて、私たち自身がそうした閉塞を乗り超え、希望の時代の幕開けを告げてゆくことは不可能ではあるまい。そのために、いま求められていること——それは、個と個の間で開かれた対話を積み重ねながら、人間らしく生きることの条件について一人ひとりが粘り強く思考することではないか。その営みの糧となるものが、教養に外ならないと私たちは考える。歴史とは何か、よく生きるとはいかなることか、世界そして人間はどこへ向かうべきなのか——こうした根源的な問いとの格闘が、文化と知の厚みを作り出し、個人と社会を支える基盤としての教養となった。まさにそのような教養への道案内こそ、岩波新書が創刊以来、追求してきたことである。

岩波新書は、日中戦争下の一九三八年一一月に赤版として創刊された。創刊の辞は、道義の精神に則らない日本の行動を憂慮し、批判的精神と良心的行動の欠如を戒めつつ、現代人の現代的教養を刊行の目的とする、と謳っている。以後、青版、黄版、新赤版と装いを改めながら、合計二五〇〇点余りを世に問うてきた。そして、いままた新赤版が一〇〇〇点を迎えたのを機に、人間の理性と良心への信頼を再確認し、それに裏打ちされた文化を培っていく決意を込めて、新しい装丁のもとに再出発したいと思う。一冊一冊から吹き出す新風が一人でも多くの読者の許に届くこと、そして希望ある時代への想像力を豊かにかき立てることを切に願う。

（二〇〇六年四月）